Dieter Wieland

Bauen und Bewahren auf dem Lande

Deutsches
Nationalkomitee
für
Denkmalschutz

Zur 5. Auflage

Dieter Wielands »Bauen und Bewahren auf dem Lande« hat die Öffentlichkeit in einem solchen Maße angesprochen, wie es sich die Herausgeber 1978 vielleicht nur heimlich erhofften: Viermal war die Schrift binnen kurzem vergriffen. Verbände, Fachleute, Vereine, Kommunalverwaltungen, Schulen – und nicht zu vergessen die Bürger und Besitzer von Altbauten, die es vor allem angeht, haben seither immer wieder danach gefragt und tun es noch heute.

So hat sich das Deutsche Nationalkomitee für Denkmalschutz entschlossen, eine weitere Auflage zu wagen. Es will damit alle die bedienen, die nun schon lange auf der Warteliste stehen, es will aber auch für künftige Anfragen gerüstet sein. Es tut dies außerdem im Hinblick auf die seit langem geforderte und nun für die Jahre 1986/87 geplante Kampagne des Europarates für den ländlichen Raum, bei der die Erhaltung des baulichen Erbes eine entscheidende Rolle spielen wird.

Die vorliegende 5. Auflage von »Bauen und Bewahren auf dem Lande« ist, was den Anhang angeht, neu bearbeitet worden. Dafür ist Dr. Michael Kummer, Landesamt für Denkmalpflege Hessen, herzlich zu danken. Er hat sich der Mühe unterzogen, die seit 1978 in manchem geänderten Förderungsmöglichkeiten für wertvolle alte Bausubstanz zu überprüfen und auf den neuesten Stand zu bringen.

Das Deutsche Nationalkomitee für Denkmalschutz hofft, mit dieser Neuauflage noch mehr Freunde des Denkmalschutzes und der Denkmalpflege im ländlichen Bereich zu gewinnen.

Bonn, im März 1984

Vorwort

Die historischen Dörfer und ländlichen Siedlungen, die – eingebunden in ihre Umgebung – seit Jahrhunderten die jeweilige Landschaft geprägt und unverwechselbar gemacht haben, sind nach wie vor überall in Europa bedroht. Die Gründe hierfür sind vor allem in den notwendigen, den Produktionsbedürfnissen angepaßten Rationalisierungsmaßnahmen der landwirtschaftlichen Betriebe zu suchen. Dazu kommt die anhaltende Abwanderung der ländlichen Bevölkerung aus Gebieten, wo der landwirtschaftliche Arbeitsplatz immer stärker abnimmt und ausreichende gewerbliche und industrielle Arbeitsplätze für viele Bürger fehlen. Die daraus resultierende Landflucht ist mit dem raumordnungspolitischen Oberziel gleichwertiger Lebens- und Arbeitsbedingungen im Bundesgebiet nicht vereinbar. Sie kann auch nicht im wohlverstandenen Interesse der Städte liegen.

Das Europäische Denkmalschutzjahr 1975 hat in den Städten dazu beigetragen, die seit Kriegsende oftmals allzu einseitig auf Wachstum ausgerichteten Zielvorstellungen zu verändern. Nach Beseitigung der Kriegszerstörungen und einer Phase großer Aufbauleistungen wuchs der Zweifel an der Richtigkeit des eingeschlagenen Weges. Heute ist die Erhaltung gewachsener Strukturen fester Bestandteil der Städtebaupolitik. Den ländlichen Raum allerdings hat das Europäische Denkmalschutzjahr nicht in gleichem Maße erreichen können. Der Europarat hat deshalb mit dem „Appell von Granada" die Staaten Europas aufgefordert, umfassende Maßnahmen zur Erhaltung des baulichen Erbes auf dem Lande zu ergreifen.

Mit dieser Schrift unterstützt das Deutsche Nationalkomitee für Denkmalschutz die Bemühungen des Europarates. Sie soll bei allen, die in privater oder öffentlicher Verantwortung über das Schicksal unserer gewachsenen Dörfer und Siedlungen mitzuentscheiden haben, das Verständnis für die Bewahrung unseres kulturellen Erbes vertiefen und praktische Hinweise für die Erhaltung, Wiederherstellung und sinnvolle Ergänzung ländlicher Bauten geben.

Das Präsidium des Deutschen Nationalkomitees für Denkmalschutz

Professor Dr. Hans Maier
Bayerischer Staatsminister
für Unterricht und Kultus
Präsident

Gerhart Rudolf Baum
Bundesminister des Innern
Vizepräsident

Dr. Hermann Schmitt-Vockenhausen
Präsident des
Deutschen Städte- und Gemeindebundes
Vizepräsident

Dr. Albert Probst MdB
Vizepräsident

Muß unser Dorf so häßlich werden? —
Oder: Kann man aus den Fehlern anderer lernen? —

Städte haben wir verpfuscht.
Was gut war an ihnen, das kompakte Nebeneinander von Wohnen, Geschäft und Gewerbe – die Stadt der kurzen Wege, die haben wir zerschlagen. Was Gassen und Plätze einst an städtebaulicher Qualität, an unverwechselbaren Bildern boten, an Milieu und Atmosphäre, haben wir autogerecht zerhackt und mit Monotonie und Gesichtslosigkeit, mit überall gleichen Kaufhäusern, Bankhäusern, Parkhäusern aufgefüllt. Innenstädte, in denen nachts nur eine Handvoll Menschen zurückbleibt, Hausmeister, Pfarrer und Polizisten.

Und von dieser kranken, aufgedunsenen Mitte aus wuchern Geschwüre von Vorstädten, Schlafstädten, Satellitenstädten hinaus über Dörfer, Wiesen und Felder. Siedlungsbrei ohne Form und Format, ohne Ziel und Ende. Behausungen, Fabriken, Supermärkte, alle gleich lieblos, häßlich und kalt, ausgekippt und abgestellt wie auf unermeßlichen Parkplätzen. Statt Gassen und Plätzen Kreuzungen und Unterführungen, sechsspurige Rennpisten vom Bett zur Schreibmaschine oder Fließband und zu den Regalen der Verbrauchermärkte. Städte, die ohne Auto nicht mehr funktionieren, rücksichtslos im Verbrauch von Fläche und Energie, Asphalt und Kanalisation, von Verkehrsregelung und aufwendiger Infrastruktur. Ein gigantischer Raubbau.

Mittlerweile ist das Unbehagen an den neuen Städten gewachsen. Einer Mehrheit der Bewohner ist bewußt geworden, daß schlechte Häuser auch ihre Welt verschlechtern und die Bedingungen ihres persönlichen Lebens. Sie haben am eigenen Leib erfahren, daß monotone Straßen und Fassaden verdrossen machen, daß, wie die Ohren nicht immun sind gegen konstanten Lärm, die Augen nicht immun sind gegen andauernde grelle Häßlichkeit. Und wir begeben uns bereits auf die aufwendige Flucht vor diesen Städten, suchen in den entferntesten Winkeln der Erde Ersatz für die Schönheit, um die wir uns betrogen haben. Entzugserscheinungen — wir suchen die Wärme und Intimität in den Winkeln und Gassen alter, unberührter Städte und Dörfer, wie man sich in der Kälte um das Feuer schart.

Immer mehr Bewohner entscheiden sich gegen ihre Stadt und kehren ihr den Rücken. Immer mehr Menschen nehmen abenteuerlich weite Wege zur täglichen Arbeit in Kauf oder zumindest die Massenflucht am Wochenende zu einem Zweitwohnsitz, einem alten Bauernhaus, wenn irgend möglich, nur um für Stunden Gras und Bäume zu sehen und einen freien Horizont und Erde zu spüren unter den Füßen und die Geborgenheit eines guten Gehäuses.

Dorf oder Stadt? – Beides nicht. Nur von beiden die Nachteile. Abgeriegelt von der Landschaft und von der Dorfstraße, versperrt einer dem andern die Aussicht, blickt, wenn es hoch kommt, · anderthalb Jahre auf Bauerwartungsland. Bis der nächste eine kahle Wand aufrichtet, garniert mit Glasbausteinen. Asphalt, Beton, kein Baum, kein Strauch – Vorstadt-Monotonie. Wo ist das Ländliche geblieben?

Soll sich nun das gleiche Trauerspiel, der gleiche Irrweg auf dem Lande wiederholen, geringer in den Dimensionen, aber gleich schäbig und trostlos am Ende? – Ein Kahlschlag geht durchs Land. Erst fallen die Bäume, dann fallen die Tore, dann fallen die Häuser. Schon sind manche Dörfer umzingelt vom gleichen Siedlungsbrei der Vorstädte. Kleine, banale, aufdringliche Kisten halten die ehemals besten Äcker besetzt und die sonnigsten Weinberge. Der Weg zu den Weiden ist weit geworden. Und auch entlang der Dorfstraße sind sie eingebrochen, die bundesdeutschen Einheits-Bungalows, trübe Verpackungen im DIN-Format, zu hoch, zu kurz, zu laut, zu unruhig, zu kleinkariert und aufgedonnert mit Plastic, Glasbaustein und Aluminium. Sie passen nicht in die Landschaft und passen nicht ins Dorf und zu den alten Häusern. Sie wollen auch gar nicht dazu passen, sie wollen anders sein, neu, besser, komfortabler, sie wollen Stadt sein, Vorstadt immerhin, ein bißchen Film- und Fernsehkitsch dazu. Und dafür mußte das alte Fachwerkhaus fallen – von der Jungbäuerin kam's wie eine Drohung – sie würde nicht in ein altes Haus hineinheiraten.

Warum trennen sich Bauern heute so leicht von Häusern, in denen sie aufgewachsen sind? –

Jedes Jahr werden allein in Bayern zwischen 3 und 8 Prozent der historischen Bauernhäuser abgebrochen. Die Dunkelziffer ist hoch, denn vieles geschieht illegal. Wenn wir so weitermachen, ist der Tag nicht weit, wo unser Land ein uninteressantes Neuland werden muß, ein Land ohne Unterschiede, ohne Gesicht und ohne Geschichte, vom Grauschleier einer uniformen Häuserkolonie überzogen.

Ist es so gleichgültig, ein Zuhause abzustreifen, wie man die Tracht abgelegt hat, wie Truhen und Kästen in den Ofen wanderten? – Ist Wohnen nur noch eine Äußerlichkeit? Eine Mode? –

War nicht immer für den Bauern nur das Beste gut genug, und wenn es bloß um den Kauf einer Sense ging? – Beim eigenen Haus tut es plötzlich auch das Mittelmäßige. Wenn die munteren Vertreter von cleveren Haustürfirmen im Hof stehen und rustikales Glück und pflegeleichte, ewig junge Wohnkultur versprechen, dann ist die geschnitzte Eichentür, die sieben Generationen schon dem Haus dient, nur noch graues Aschenputtel gegen das künstliche, pseudokostbare Geglitzer der 100000 mal gesehenen Fabriktür aus dem Katalog.

Wo ist der Bauernstolz geblieben, die Freude am schönen Besitz? – Ist der Hof nicht täglicher Arbeitsplatz der ganzen Familie – ist nicht der Bauer der letzte in der modernen Industriegesellschaft, der keine Nummer ist in einem Betrieb, sondern rund um sein Haus wirtschaften kann? Der seine eigene Welt bestellt und bestimmen kann, wie sie aussieht, für sich und seine Kinder – ob sie kahl ist oder freundlich?

Das alte Dorf

Geld hatten sie auch nicht mehr als wir. – Vielleicht haben wir keine Lehre nötiger als das Studium der alten Dörfer. Alte Dörfer zeigen, wie man aus wenigem das Beste macht. Wir beschwören das Wort »Lebensqualität«, sie sprachen vielleicht von Heimat. Sie verlangten viel von ihrem Dorf. Denn sie überschritten nur selten den Horizont, die Wiege stand nah beim Grab, und das kleine Dorf mußte allen Erwartungen von dieser Welt genügen, für alle Werktage und Sonntage eines Lebens.

Schon wie die Dörfer in der Landschaft liegen! Sie wußten, daß man vieles spart, wenn man die Häuser an die rechte Stelle setzt. Wo keine Abendnebel waren und kein Wind. Wer sich duckt, hat es wärmer. Alte Dörfer nutzen jede Falte im Gelände, jede Minute Wintersonne in den Gebirgstälern. Wir wollen Energie sparen, aber schon unsere Häuser stehen falsch.

Und alte Dörfer verzetteln sich nicht. Sie halten zusammen, wie eine Herde sich beim Wetter drängt, die Köpfe nach innen. Von draußen sieht man nur Obstbaumwiesen, Holunderbüsche, Wetterbäume, lange Dächer. Und die geschlossenen Seiten von Schuppen und Scheunen, mit Brettern verschlagen. Sie brechen den Wind. Fenster zeigt das alte Dorf nach innen, wo die Menschen sind. Nicht Aussicht in die Ferne, Nähe wird gesucht, Nachbarschaft. Zur Mitte müssen alle, dort stehen Kirche und Wirtshaus. Den Kirchturm sieht man schon von weitem. Er ist das Signal, die einzige Vertikale des Dorfes und prägt die Silhouette. Keine enge Welt. Nur eine Welt mit Augenmaß, überschaubar, einprägsam, mit menschlichem Maßstab.

Die alten Häuser

Alte Bauernhäuser sind die Summe jahrhundertelanger Erfahrungen. Sie unterscheiden sich von Landschaft zu Landschaft, wie sich das Klima unterscheidet. Und das Baumaterial. Denn Bauen war schon immer teuer, und Transporte waren früher mühsam und kostspielig. So nahm man das Baumaterial aus der nächsten Umgebung. Bruchstein oder Kiesel aus dem Bach, Ziegel, wenn es Ton gab, Holz, Mörtel, Balken und Bretter, Stroh oder Schindeln oder Bruchsteinplatten für das Dach. Dazu ein wenig Fensterglas und geschmiedetes Eisen für die Beschläge.

Fünf oder sechs Baumaterialien finden sich an alten Häusern, und den rechten Umgang mit diesen Materialien, ihr Verhalten, ihre Qualitäten, die Möglichkeiten, sie miteinander zu kombinieren, kannte man durch Generationen hindurch.

Man baute immer wieder neue Häuser, aber man baute sie nicht anders, sondern besser. So hielten die Gebäude durch Jahrzehnte und Jahrhunderte den Angriffen des Wetters stand. Wenn sie nicht in schlampige Hände gerieten, sind ernsthafte Bauschäden bis heute ausgeblieben, es gibt nur Abnützungserscheinungen. Und was sich verbraucht hatte, konnte der Bauer meist selbst ersetzen.

So bildeten sich traditionelle Bauformen, die das Gesicht einer Landschaft bis heute prägen und die den Häusern im Dorf etwas Gemeinsames, Brüderliches geben, etwas Typisches und Unverwechselbares. 27 verschiedene Haus- und Hofformen zählen wir allein in Deutschland. Siebenundzwanzig unterschiedliche Hauslandschaften von der Küste zu den Bergen.

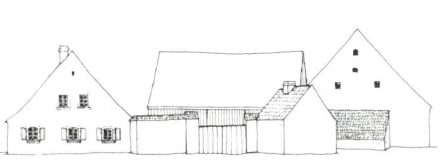

Gemeinsam ist den Häusern im alten Dorf die Neigung der Dächer. Selbst Schuppen, Scheunen, Bienenhäuser und Backöfen übernehmen in allen Details das Dach des Wohnhauses. Gemeinsam sind das Material der Dacheindeckung, die Materialien der Baukörper, ihre Oberfläche, Putz, Holz oder Stein, das Maß von Tür- und Fensteröffnungen, die in Form und Größe vom Baumaterial abhängig waren. Und doch gab es bei dieser Beschränkung tausend Freiheiten für die Phantasie. Die Häuser ähneln sich, und doch hat jedes durch wenige, schlichte Verzierungen ein eigenes Gesicht.

Der Bewohner des Dorfes kennt in der Regel jedes dieser Hausgesichter. Er weiß, welches Haus zu wem gehört und kann den Weg dorthin beschreiben. In der Neubausiedlung am Ortsrand hat meist auch der Briefträger Schwierigkeiten, die Häuser der Reihe nach aufzuzählen. Das zeitgemäße Problem: Identitätskrise.

Zweimal dasselbe Dorf — der Ortsname deckt zwei Welten. Einmal Leben in der Gemeinschaft, das andere Mal im Planquadrat. Die Vielfalt weicht der Einfalt, die Harmonie der Monotonie, die Kurve dem rechten Winkel, die Phantasie dem Paragraphen. Die Höfe im Dorf tragen Namen, die Kisten auf dem Parkplatz sind numeriert.

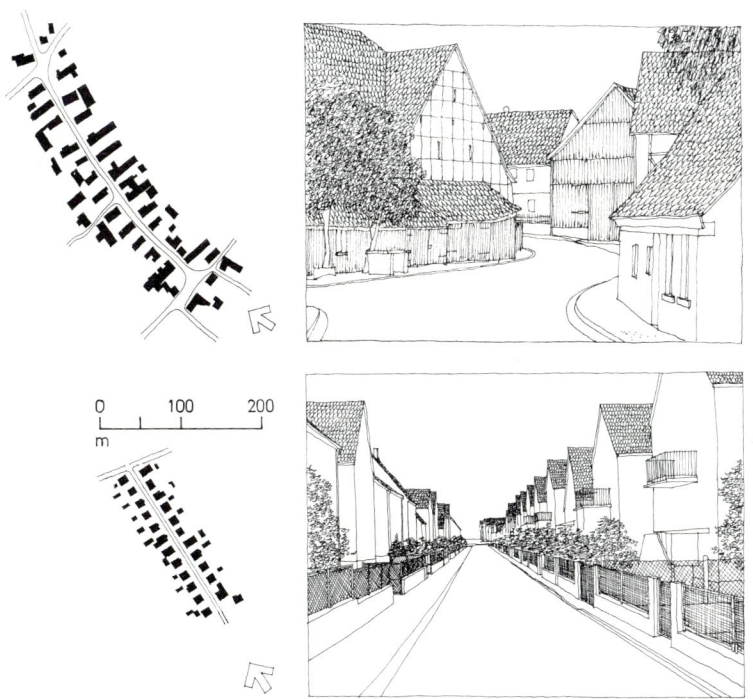

0   100   200
m

Das neue Haus

Das alte Haus brauchte zu oft die Pflege seiner Hand. Das nahm er ihm übel. Hier bröckelte Putz ab, das Obstspalier war zu schneiden, ein paar Latten zu ersetzen, die Fensterläden neu zu streichen. Einige Fensterstöcke hätte der Schreiner erneuern müssen. Das Haus paßte zwar wie eine alte Joppe, in die man schon von selbst hineinschlüpft, aber er sah nur mehr die Löcher. Alte Häuser brauchen Liebe, wie alles, für das wir Gefühl aufzubringen vermögen. Das ist vielen lästig geworden.

Also: Erste Möglichkeit — wir reißen alle alten Häuser ab, weil sie unpraktisch sind, weil sie soviel Mühe machen. »Pflegeleicht« heißt die Parole, und man sieht die Hausfrau nun von früh bis spät den neuen Hochglanz-Plastic-Haushalt und die Schleiflack-Möbel polieren. Und den englischen Parkrasen mit der Schere pflegen, der die bunte Blumenwiese ersetzt hat. »Pflegeleicht« — aus diesem Grunde sterben die meisten alten Häuser, nicht etwa, weil sie baufällig gewesen wären.

Der Neubau steht daneben, fremd, anders, zu hoch, zu kurz, er hält sich nicht im geringsten an die alte Ordnung. Er sagt nichts dazu, daß seine Bewohner mit Erde, Vieh und Feldfrüchten umgehen. Das ist kein Bauernhaus, das ist ein Arbeiter-, ein Angestelltenhaus — so haben sich die Standesunterschiede verwischt.

»Schön ist es schon, das Haus — aber wohnen Sie mal drin…«, sagt der Bewohner des alten Hauses. Er wird es im nächsten Frühjahr abbrechen. Die Zimmer sind ihm zu niedrig, die Fenster zu klein, die Wände zu bucklig. Er will eine Zentralheizung, ein Bad, eine moderne Küche, Teppichböden — und überhaupt, er will kein altes Haus, er will ein neues. Wie alle anderen auch.

Das alte Haus blieb am Boden, wuchs breit wie ein alter Baum aus dem Gelände, der Putz führt, ohne abzusetzen, bis zum Boden herunter, kein Sockel, keine Plattform. Ebenerdig geht man aus dem Haus hinaus, über eine, höchstens zwei flache Natursteinstufen.

Das neue Haus daneben, zwei Vollge-
schosse, ein ausgebautes Dach. Der Koloß braucht
schon unendlich viel Startrampe, 1 Meter 20 ragt
der Keller aus dem Boden, und mit dem Sockel
fängt die Sünde an. Das Haus wirkt hochgestemmt
wie auf einer Hebebühne. So einem Haus schaut
man immer unter den Rock.

Fremd sind ihm Erde und Wiese, weit weg,
und die Bewohner, die doch im Grünen leben
wollten, haben sich beschränkt auf eine kurzatmige,
angeschüttete Rampe, auf der die Attribute der
Freizeit rosten, Liegestuhl, Grill und Hollywood-
schaukel. Der Gang durch den Garten findet nur
samstags statt, hinter dem kläffenden Rasenmäher.
Und das Podest wird noch einmal betont durch
viel zu große Fensteröffnungen, und um es
schmutzabweisend und abspülbar auf Lebenszeit
zu machen, wird es beklebt mit Plastic-Riemchen,
Mosaik und anderem Steinbruch-Schutt. Der
Sockel will eben doch schon ein eigenes Geschoß
sein.

Das alte Haus zeigt zur Straße ein offenes
Gesicht, den Giebel, viele Fenster, kleine Fenster,
Fensterkreuze, grüne Läden.

Der Neubau zeigt nur eine kahle Wand, ein zugekniffenes Visier, eine Rückseite. So ein Haus riegelt sich ab. Es hockt nur an der Straße, weil es muß. Die Fenster, nein, das sind nur Löcher, irgendwo aus dieser Fläche ausgestanzt. Kein Fensterkreuz, keine Sprossen, keine hölzernen Läden, Fenster, die man nie öffnet, sondern kippt. Genauso beliebig, wie das Haus unten anfängt, hört es oben auf, weil eben irgendwo Schluß sein muß. Das Dach, ein Deckel eher als ein Dach. Die Loggia über $2/3$ der Hauslänge, zu schmal, zu lang, zu zugig, nie wird hier jemand sitzen. Am Geländer zeigt sich, wieviel Geld dem Bauherrn noch geblieben ist: Betonband oder künstliches Schmiedeeisen, mit Messing, ohne Messing, drei Schnörkel oder 27, Plastic oder Holz, oder Holz aus Plastic.

Nie wäre einem alten Baumeister eingefallen, einen Hauskörper mit solch sinnlosen Rücksprüngen zu zerklüften, die das Haus nur auskühlen, ihm Kraft stehlen und Raum. Man beachte die spießige Bajonett-Bepflanzung. Und die aufregend urig beklebten Stahlbeton-Pfeiler.

Fenster und Fenstertüren verstärken noch einmal die Unruhe, alle zu groß, alle anders im Format, einmal symmetrisch, einmal asymmetrisch, einmal gar nicht geteilt. Von der Wand ist kaum ein Rest geblieben. Ein Haus, das aus den Fugen kracht. Und am anderen Eck das beliebteste, weil offenbar repräsentativste Dekorstück, der lange Streifen aus bonbonfarbenen Glasbausteinen, der das Haus von oben bis unten wie mit dem Messer aufschlitzt. Fachleute nennen diese Orgie in Glas spöttisch den »Harakirischlitz« oder »Reißverschluß«. 12 und 15 Materialien sind da vom Keller bis zum Dach durcheinandergemengt. Ragout aus Katalogen. Hundert Surrogate, mit denen man die Häuser garniert wie Partybrötchen, Spritzgebäck vom Beton-Konditor, Chrom- und Aluminiumstreifen für besonders schnelle Häuser, glänzend, glitzernd, pseudokostbar, in unschuldigen Babyfarben, diesen faden, deutschen Suppen-, Creme- und Puddingfarben. 15 Baustoffe statt 5, mit denen sie früher auskamen. Und doch nur ein einziges spießiges Einheitshaus zwischen Flensburg und Berchtesgaden, ein einziges statt siebenundzwanzig Hausformen in der alten Landschaft der deutschen Dörfer.

Das waren drei niederbayerische Höfe. Mit Gesicht und Charakter. Und so sehen sie heute aus, photographiert vom gleichen Standort: Neubauten. Blaß. Fad. Langweilig. Und zum Verwechseln ähnlich.

Das Ensemble

Ein solches Haus ist keine gute Nachbarschaft zwischen den alten Bauernhäusern. Es hält sich nicht an die Spielregeln. Von Anpassung, Einfügung, Rücksichtnahme keine Spur. Das neue Haus zieht auch die Qualität der alten Bauten herab und bringt sie aus dem Gleichgewicht. Die Nachbarhäuser, die mit dem bescheidenen, niedrigeren in der Mitte rechneten, vorher der Höhepunkt der Dorfstraße, sind neben dem Koloß jetzt abgesunken. Der kalte, glatte Putz, die großen Fensterhöhlen, die Glasbausteine, die nirgends sonst im Dorf vorhandene Loggia, das alles blendet giftig auf die Nachbarschaft hinüber. Das, was wir heute ein Ensemble nennen, die in Jahrhunderten gewachsene Harmonie gebauter Nachbarschaft, ist gestört, wenn nicht überhaupt zerschlagen. Es ist wie in der Küche: Ein scharfes Gewürz zuviel – und das lang und liebevoll gekochte Essen ist verdorben.

Nicht die Veränderung an sich ist es, die deprimiert. Die gab es immer, muß es geben, wo etwas lebendig ist. Sondern der Abstieg ins Grelle und Banale, der Verlust an Gestalt, an Geschmack und Qualität. Daß Ramsch zur Norm wird. Daß unser aller Lebensraum wieder etwas schäbiger geworden ist.

Hier haben sie ein Dorf saniert. Mit großer Mühe und viel öffentlichen Geldern. – Und das ist dabei herausgekommen: Vermurkst in alle Ewigkeit.

19

Aus alt mach neu?

»Das alte Haus wird wieder jung« posaunt die Werbung einer hemmungslos produzierenden Baustoff-Industrie. Als ob es die Altweibermühle gäbe. Jung. Am Ende ist es doch nur Maskerade. Falsche Wimpern. Face- und Body-Lifting für die Großmama. Hat sie das nötig? – Auch alten Häusern steht am besten, wenn sie beim alten bleiben. Und trotzdem mit der Zeit mitgehen. Es wird kaum ein altes Haus geben, in dem man nicht alle Ansprüche des neuen Wohnens bequem unterbringen könnte. Nur weil wir eine Heizung wollen, ein Bad und eine bessere Küche, sollen wir alle alten Häuser auf den Schuttplatz fahren? Können wir uns das leisten, ist das volkswirtschaftlich nicht ein barer Unsinn? Modernisieren ist immer billiger als neu bauen.

»Reiß doch den alten Krempel weg!« sagt der fortschrittliche Bauunternehmer. Einen 08/15-Plan hat er immer parat in der Schublade, und er weiß, was er dabei verdient. Nachher merkt dann mancher, daß der Verlust größer war als der Gewinn. Ein zweites Mal würde er nicht abbrechen. Aber dann ist es schon zu spät.

Alte Häuser brauchen Liebe, dann geht alles leichter. Und einen Blick für ihre Qualitäten. Und Phantasie. Und einen Architekten. Nicht irgendeinen Spezi, der nach Feierabend für 300 Mark ein Hausgulasch zusammenhackt. Wenn wir einen Arzt brauchen, gehen wir auch nicht zum Friseur. Guter Rat ist immer billiger als schlechter.

Vielleicht genügt es, die Küche in ein anderes Zimmer zu verlegen, und es ist Platz genug da für ein Bad und einen Heizraum. Oder es findet sich im ersten Stock ein selten benütztes Zimmer, warum soll ein Bad nicht großzügig sein? Und mit dem Heizraum könnte man vielleicht in den alten Stall ausweichen. Oder mit dem Bad in die Tenne. Es gibt immer eine Möglichkeit, wenn man nur will.

»Schöner wohnen« – im alten Haus ist das noch leichter als im neuen. Dutzende von Städtern ausgebaute Bauernhöfe bieten da Beispiel genug. Es wiederholt sich immer das gleiche Ritual: Erst lächeln die anderen im Dorf, daß sich einer mit der alten Hütte überhaupt noch einläßt. Hinterher staunen sie.

Vieles geht beim Sanieren nicht so einfach wie bei einem Neubau. Wenn man es gut machen will. Man muß sich an alte Techniken erinnern und muß sich an der Qualität des Vorhandenen messen lassen. Es macht Mühe, die Handwerker zu überreden. Nachher freuen sich alle, daß sie endlich wieder etwas Gescheites gearbeitet haben, etwas, wo sie gefordert wurden.
Wichtig ist nur, daß man genau weiß, was man *nicht* will: Ein neues Haus. Von der Stange. Dutzendware.

Jedes Haus braucht Reparaturen, glauben Sie ja nicht, der Besitzer eines neuen Hauses bliebe davon verschont. Oft zeigen sich die ersten Bauschäden, wenn der Möbelwagen vorfährt. Alte Häuser brauchen in der Regel keine aufwendigen Verjüngungskuren. Sie brauchen Ersatzteile. Wenn etwas verschlissen ist, wird es am einfachsten ausgetauscht. Und darauf sind die alten Bauernhäuser eingerichtet. Denn die sie gebaut haben, waren dazu erzogen, sparsam und ökonomisch zu denken. Greifen Sie nicht in die Substanz ein. Dann wird es teuer!

Zerstören Sie vor allem nicht den größten Vorteil Ihres alten Hauses, sein Alter. Alter ist durch nichts zu ersetzen. Alten Wein verpanscht man nicht mit jungem. Garnieren Sie Ihr Haus nicht mit neuen Baustoffen. Ein altes Haus, das man auf jung trimmt, ist eine Urkundenfälschung. Und so sieht es auch aus.

Zerstören Sie nicht die Proportionen und die Maße Ihres Hauses, Sie stiften nur Unordnung. Ein altes Haus, das man schlecht renoviert, stört im Dorf genauso wie ein schlechtes neues. Erhalten Sie die alten Fensteröffnungen mit ihren Sprossenteilungen. Und die hölzernen Klappläden. Viele kleine Fenster geben schöneres Licht als eine monströse Glaswand. Und hinter großen Fensterhöhlen lebt es sich

schwerer. Nicht umsonst sind dort meist die Vorhänge zugezogen und die Rolläden heruntergelassen. Und das Fenster wird nie geöffnet.

Erhalten Sie sich Ihre alte Haustür. Sie begegnen ihr jeden Tag. Wenn sie wirklich nicht mehr zu retten ist, lassen Sie sich vom Schreiner eine möglichst ähnliche machen. Die kostet mehr, aber sie macht Ihnen täglich Freude. Die billige Lösung ärgert Sie schon nach einem halben Jahr. Den Aufpreis für das Bessere haben Sie bald vergessen.

Versuchen Sie, soviel als möglich vom alten Bestand zu erhalten. Vieles läßt sich wiederverwenden, auch Kleinigkeiten, geschnitzte Türfüllungen, Griffe, Tür- und Fensterbeschläge, vielleicht sogar das alte, mundgeblasene Glas. All das sind Kostbarkeiten, die Sie nirgends kaufen können. Die Ihnen in dieser Qualität, mit Verlaub gesagt, kein Handwerker heute anfertigen kann. Und Sie könnten es auch nicht bezahlen. Aber es sind Dinge, die dem Haus seinen Reiz und sein Gesicht geben. So ein Haus hat niemand außer Ihnen. Und das sollte Ihnen die Mühe wert sein.

1935–1955–1975
Pfusch auf Raten oder Kreuzweg eines alten Hauses.
1. Station: Wegfall der Klappläden. Andere Fenstersprossen. Ladeneinbau. Haustür zur Seite abgedrängt. Ausbau des Dachgeschosses verdirbt den Giebel. Putzgliederung und Fensterumrahmungen beseitigt.
2. Station: Gigantomanie in Glas. Fenstersprossen fallen überhaupt weg. Die Fassade ist durchlöchert. Der Erker platzt aus allen Nähten. Der Nachbar konnte bei soviel Modernisierungswut nicht zurückstehen.

22

Das Fenster

Jedes alte Bauernhaus hat ein Gesicht, eine Hauptfront, die Fassade. Meist ist es die Giebelseite. Sie lebt vom Rhythmus, von der Zahl und von der Proportion der Fenster. Im letzten Jahrzehnt sind schätzungsweise zwei Drittel dieser Gesichter durch Fenstereinbrüche verstümmelt worden. – Modische Einscheiben-Kippfenster, ohne Sprossen, zu dicke Rahmen, grob, klotzig, stur – aber pflegeleicht.

Normfenster degradieren die Häuser zu Normhäusern, Retortenhäusern. Bei den fränkischen Fachwerkhäusern zum Beispiel sitzt ein Fenster ganz oben im Giebel, darunter kommen zwei, dann drei, dann vier, dann fünf Fenster, in jedem Stockwerk eines mehr. Diesen schönen Rhythmus, den alle Fachwerkbauten dieser Gegend einhalten, hat man hier grausam zerstückelt. Statt fünf Fenstern zwei, groß, breit und ungeschlacht. Und ohne Fensterläden. Beim Nachbarhaus kann man noch nachprüfen, wieviel Witz und Lebendigkeit da zerstört wurde.

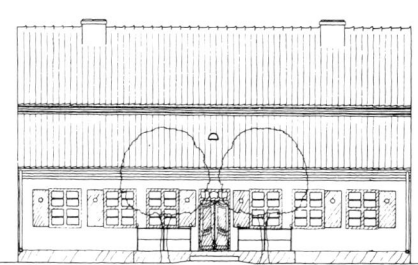

Mehr Licht? – Brauchen wir nicht gutes Licht, schönes Licht? – Die alte Stube nimmt zumeist das Hauseck ein. Dann haben immer zwei Wände Fensteröffnungen. Und jede Wand hat mindestens zwei Fenster. Vier Fenster über Eck, das gibt der Stube Leben, Rhythmus, Farbe. Meist sieht man in dem einen Fensterpaar die Sonne aufgehen. Und gegen Mittag in die anderen Fenster ziehen. Das Licht wandert in den weißgekalkten Fensterlaibungen, über Wände und Bodenbretter. Sind wir blind geworden für solche Reize? –

Solche gegliederten Zimmerwände reißen wir auf, sägen ein monströses Loch hinein und wundern uns, wenn nichts mehr stimmt. Und auch das neue Licht erschlägt den Raum, macht ihn plötzlich klein und raubt ihm jede Geborgenheit, jeden Schatten, jede Tiefe. Das Drinnen ist draußen, das Draußen ist drinnen. Die Lastzüge fahren fast durchs Zimmer. Und ein trübsinniger Dauerregen verfolgt einen bis unters Dach.

Die alten Fenstersprossen markierten sehr genau die Grenze gegen die Außenwelt. Und waren ein schöner Rahmen dazu. Und die Bewohner spüren, daß sie jetzt preisgegeben sind. Sie versuchen schnell, das Loch wieder zu stopfen, eine Barriere aufzubauen mit einer Batterie von Blumentöpfen.

Und die grelle Deutlichkeit verschleiern sie mit Wolkenstores. Und wenn die Sonne scheint, rasseln die Kunststoff-Jalousien herunter, weil die Augen schmerzen und die Hitze unerträglich wird.

So, wie das Loch das Zimmer aus dem Gefüge bringt, zerschlägt es draußen den Rhythmus der Fassade und bringt alle Proportionen aus dem Gleichgewicht.

»Fenster sind die Augen eines Hauses«, sagten die alten Baumeister. Höhe, Breite, die Einteilung der Sprossen und der Fensterkreuze, das alles gehörte zur Ordnung, zur Schönheit des Entwurfs. Wer heute etwas daran ändert, pfuscht dem alten Architekten nachträglich ins Handwerk.

Das querliegende Einscheiben-Fenster sollte überhaupt Hausverbot erhalten. Es paßt nirgends und zerstört am gründlichsten. Als ob sich einer die Nase waagrecht ins Gesicht dreht.

Viele Details am alten Bauernhaus sind so genial und einfach, daß man sie nicht besser machen kann. Das Fenster mit festem Mittelpfosten ist so ein Beispiel. Eine Drehung mit dem Kippriegel genügt, um die Fensterflügel fest an den Stock zu pressen. Wie aufwendig und anfällig ist dagegen ein zeitgenössischer Ein-Hand-Dreh-Kipp-Wende- und Schwing-Verschluß.

»Typ 2000 — Ein Fenster der Hochhausklasse«, verspricht die Werbung. Wie verletzend die messerscharfen Aluminiumschienen wirken, in denen die rosa Plastic-Jalousie auf und ab rasselt. Das Fensterbrett ist mehr ein Hackbrett. Und die Schlagwasserschiene schneidet in die Ellbogen, wenn man sich in das Fenster lehnt. Solche glitzernden Metallteile sollte man unbedingt mit Farbe überstreichen. Die Schiene wie den Stock. Das Fensterbrett im Ton der Dachrinne.

Bilder die weh tun. Das sind brutale Verstümmelungen mit dem Stemmeisen. Hausschlachtung.

Klappläden sind der beste Schutz gegen Hagel und Schlagregen. Ein dichter Holzladen hält das Haus über Nacht warm wie eine Tür und läßt im Sommer die Hitze draußen. Die Mittelmeerländer wissen das seit Jahrtausenden. So einen gestemmten Laden macht einem jeder Dorfschreiner. Ein Ersatzteil, das sich schnell und billig austauschen läßt. Das ist die Ökonomie der alten Bauernhäuser.

Ein kleiner kosmetischer Eingriff – und das Haus ist nicht wiederzuerkennen. Die neuen Fenster sind immer noch quadratisch und nur zwei Hände breit gewachsen. Und doch wirken sie jetzt wie ausgestanzte, klobige Löcher. Der feste Mittelpfosten und die weißlackierten Gitterstäbe machten das alte Fenster schlank und zierlich. Mit den Klappläden saß es besser in der Wand, und sie waren ein Farbfleck mehr auf der Fassade. Ohne Läden wirkt das neue Fenster nackt und kahl. Das glatte Glas wird auf einmal wichtig und das fremde Aluminium.

Und auch die alten, heiteren Gardinen passen nicht mehr. Die Bewohner haben offensichtlich das Gefühl, daß man jetzt zu viel sieht. Und haben dicht gemacht.

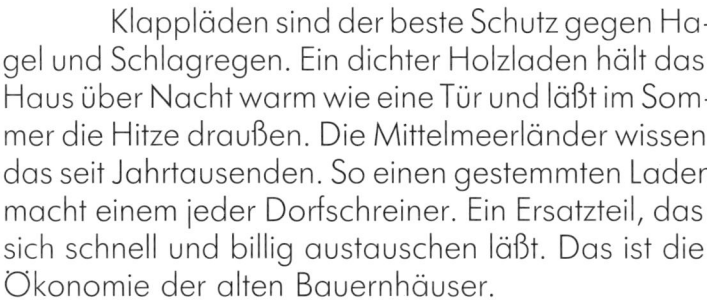

Gute Fensterformate –
gute Anordnung

Schlechte Fensterformate –
schlechte Anordnung

Glas ist die schwächste Stelle am Haus. Auch Glasbausteine. Wo immer technische Bauinstitute ein Energie sparendes Haus entwickeln – es hat kleine Fenster. Durch kleine Wandöffnungen geht weniger Wärme hinaus, kommt weniger Kälte herein. Das ist am Land, wo die Häuser frei stehen und ganz anders Frost, Wind und Bodenkälte ausgesetzt sind als in der Baumasse der Städte, von ganz entscheidender Bedeutung. Und eines ist sicher, so billig wie heute wird Energie nie mehr zu haben sein.

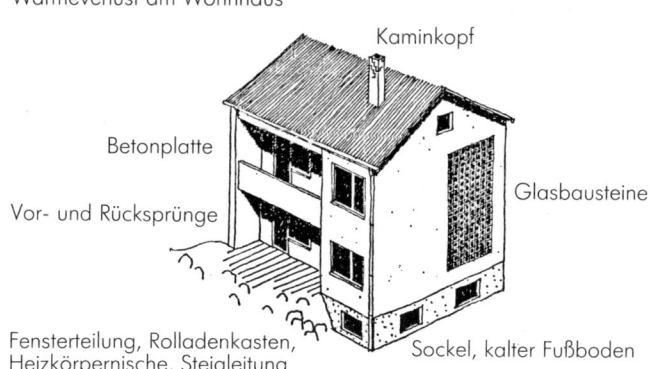

Wärmeverlust am Wohnhaus

Kaminkopf

Betonplatte

Vor- und Rücksprünge

Glasbausteine

Fensterteilung, Rolladenkasten, Heizkörpernische, Steigleitung

Sockel, kalter Fußboden

Unübertroffen dichtet immer noch das alte Kastenfenster mit zwei Flügeln hintereinander im Abstand von etwa zehn Zentimetern. Oder, nach dem gleichen Prinzip, das vorgehängte Winterfenster. Denn nicht das Glas isoliert, sondern die Luft dazwischen. Solche Fenster aus einem alten Haus herauszubrechen, nur um sie durch klotzige Einscheiben-Kippfenster zu ersetzen, ist unsinniger Aufwand.

Modernes Isolierglas läßt sich auch in kleine Scheiben schneiden und in einem gut proportionierten Sprossenfenster verwenden. Die Sprosse muß dann wegen des dicken Glases etwas stärker werden, aber schon eine leichte Kehlung macht sie schöner und schlanker. Maschinen können alles. Warum bietet die Industrie nicht solche Fenster an? – Wenn sie im Programm wären, würden sie auch gekauft.

Und auch das ist ein nagelneues Stockfenster mit Isolierscheiben. Die verstärkten Fensterflügel fallen kaum auf. Und alle alten Eisenteile sind wiederverwendet worden, Gitterstäbe und Beschläge. Der Außenfalz macht den Stock schlanker und gibt die Möglichkeit, ein Winterfenster einzuhängen. Den Mittelpfosten abzufasen und mit kleinen Kerben zu schmücken, hat dem Schreiner Spaß gemacht. Obwohl er das noch nie gemacht hatte.

Brief an Frau Saubermann

Und hier hat jemand offenbar mit verbundenen Augen in der Trickkiste eines Baustoff-Katalogs gewühlt und für sechs Fensteröffnungen tatsächlich sechs verschiedene Möglichkeiten an Land gezogen. Eine stumpfsinniger als die andere. Ein Gesicht ist zur Grimasse geworden.

Liebe Frau Saubermann, sicher ist eine Glatze pflegeleichter. Lassen Sie sich deshalb Ihre prachtvollen Locken scheren? Wenden Sie nicht gern Zeit und Mühe auf für Ihr Äußeres, damit Ihnen der Blick in den Spiegel Spaß macht und wir unsere Freude an Ihnen haben?

Wir gehen auch an Ihrem Haus vorüber und begreifen es einfach nicht, daß der Putzlumpen und der Aufwand von einer Viertelstunde mehr für Sie Argument genug waren, einen so barbarischen Kahlschlag anzuordnen. Und eine der schönsten Fassaden im Ort zu verstümmeln.

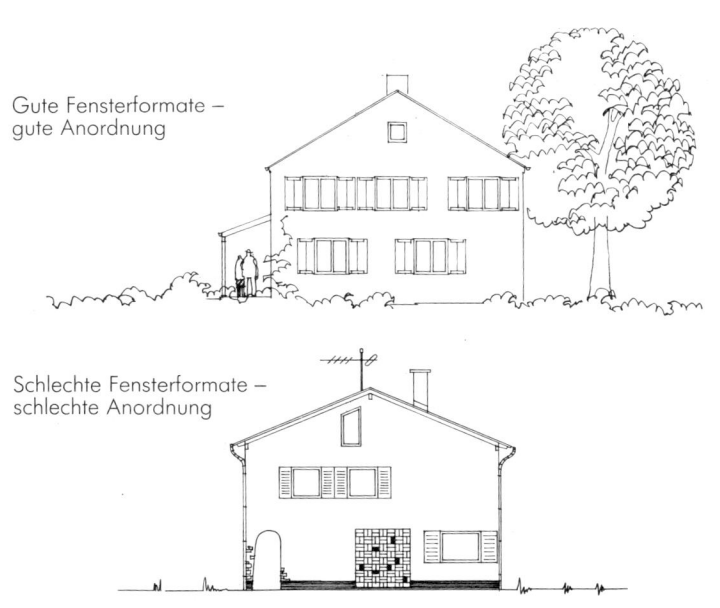

Gute Fensterformate –
gute Anordnung

Schlechte Fensterformate –
schlechte Anordnung

Vor drei Tagen erst haben Sie die Riesenscheiben geputzt, all Ihre Blumentöpfe beiseite geräumt. Und dann wäre Ihnen das Ungetüm beim Kippen fast auf den Kopf gefallen. Jetzt ärgern Sie schon wieder der viele Staub und die Ränder der Tropfen. Das alles hätten Sie bei den alten Sprossenfenstern völlig übersehen. Da stört der Schmutz lange nicht so, der verspielt sich. Das ist so wie mit Ihrem hochglanz-plasticbeschichteten Tisch, Sie sehen jeden Makel. Sie wischen kürzer, aber öfter. Und das läppert sich mit der Zeit. Hochglanz will immer auf Hochglanz sein. Mit dieser lästigen Forderung ärgert er Sie wie ein tropfender Wasserhahn.

Die Tür

Haustüren sind wie ein Händedruck. Man weiß bei der ersten Begegnung, mit wem man es zu tun hat und was einen erwartet. Auf die Haustür, auf die ganze Eingangssituation hat man immer größten Wert gelegt, solange es einem wichtig war, dem Fremden und dem Nachbarn zu zeigen, daß sie willkommen sind.

Die alte Tür und der Türstock sind daher geschmückt mit Ornamenten, mit den Initialen von Braut und Bräutigam und der Zahl des Jahres, in dem sie geheiratet hatten. Oder als das neue Haus fertig wurde. Viele private und persönliche Mitteilungen.

Moderne Haustüren sind stumm, anonym, Massenware. Und immer verschlossen. Das ist etwas, was die Älteren im Dorf immer wieder beklagen. Früher war man zu jeder Stunde willkommen. Heute kostet das Überwindung. Klingelknopf, Sprechanlage, schnarrender Türöffner, quadratischer »Stoßgriff«, den man nicht fassen kann, sondern boxen muß. Kaltes, geriffeltes Drahtglas.

Schneidende Aluprofile. Das Schloß so eng am Stock, daß man Angst um seine Knöchel hat. Eine Tür, die die Kriminalpolizei empfiehlt. Eine Tür, die unendlich viel aussagt über uns und unser Verhältnis zur Gemeinschaft.

Niemand kann im Ernst etwas dagegen haben, daß die Industrie die Aufgaben des alten Hand-

... oder um Alu-Ziergitter, Aluzäune und Alu-Rundbogentüren.

werkers übernommen hat. Aber warum müssen Industrieprodukte für den Bau so geschmacklos sein? – Warum werden bei uns die gestalterischen Ansprüche auf ein so niedriges Niveau herabgeschraubt? Gerade das skrupellos ausgenützte Geschmacksmonopol der Baustoffhändler auf dem Lande trägt mit die Hauptschuld für die elenden banalen Modernisierungen, für das uniformierte Aussehen der neuen Häuser auf dem Lande.

Die Türen waren wie die Häuser. Ähnlich und doch nicht gleich. Das Fichtelgebirge war früher bestimmt eine der ärmsten Gegenden Deutschlands. Doch bei der Haustür ließ sich der Bauer nicht lumpen. Zwei Materialien, Granit und Holz. Aber wieviel Möglichkeiten gab allein schon die gedoppelte Tür mit den versetzten Profilbrettern.

Griff zum Anfassen, in die Hand gearbeitet. Wird jede Woche liebevoll geputzt.

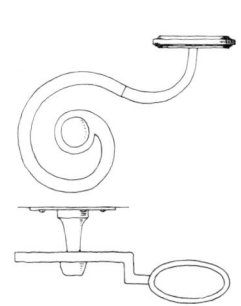

Gute neue Haustüren. Leider alle an umgebauten Bauernhäusern von Städtern. Wächst erst im Chaos der Städte wieder der Sinn für Einfaches, Normales?

G 23 »Eichenrinde« — Stoßgriff, repräsentatives Design, wartungsfrei auf Lebenszeit, jeden Tag Eichenrinde, morgens, abends, lebenslänglich.

Reliefgriff G 20
Patrizierkassette

Reliefgriff G 21
Vierpaßkreuz

Reliefgriff G 28
KOSMOS

Reliefgriff G 23
Eichenrinde

Reliefgriff G 22
Sonnenscheibe

Reliefgriff G 31
PARADIESBAUM

Eingangssituationen –
oder: wo wohnt das Glück? –

Ein knapper Meter entscheidet hier über den Frieden der Bewohner. Dazwischen liegen Welten, eine gute Stube und eine laute Straße. Aber aus dem Schutz der privaten Sphäre ist ein Schmuck des Hauses und ein Gruß an die Passanten geworden. Blumen machen Arbeit, aber sie sind nützlich. Weil sie Freude machen.

Drei Meter Niemandsland und ein Arsenal von Hindernissen machen dieses Haus zur Hochburg eines Verschlußfreudigen. Brocken vom Westwall und das Rudiment einer Kaufhaus-Fassade paaren sich elegant mit den tückischen Widerhaken der künstlichen Schmiedeeisentür »Warnung vor dem Hunde« und der Duftküche des Mülltonnenbehälters. Ein hermetischer Riegel von immergrünen, immer sauberen, immer langweiligen Thujen als Palisadenzaun dahinter, gibt noch den Blick frei auf knallharte Glasbausteine. Klirrend und kalt wie ausgekippte Eiswürfel. Beachtlich ist auch das doppelte Aufgebot von Fußabstreifern, wie überhaupt dem niederen Staub hier jede Chance verwehrt ist.

Naht das Glück sich deinem Haus,
fang's und halt's und laß's nit aus

Hausspruch bei Obernberg, Oberösterreich

Putz und Farbe

Alte Häuser sind Handarbeit, das macht sie so kostbar und lebendig. Mit der Axt wurden die Balken beschlagen, mit dem Hobel die Bretter geglättet. Und freihändig wurde der Putz angetragen, nur mit der Kelle möglichst glatt verstrichen, ohne Putzleiste und Latte. Gesimse, Ecken, Fensterlaibungen, Rundbögen, alles frei und schnell und sicher angetragen. Dünn, zwei Lagen nur, man spürt noch die feinen Unebenheiten des Mauerwerks darunter. So ein Putz überzieht das Haus wie eine lebendige Haut. Da spielen Licht und Schatten, wenn die Sonne darüber streift. Das Haus lebt. Handarbeit, von keiner Maschine zu erreichen.

Heute geht schon fast die halbe Arbeitszeit damit verloren, daß der Maurer mit Haken, Leiste und Latte sich bemüht, das Haus so kantig und peinlich exakt zu glätten, als ob es die Tiefziehpresse ausgespuckt hätte. Der Handwerker hat die Konkurrenz mit der Maschine aufgenommen. Und heraus kommt die gleiche sterile Nüchternheit. Die kalte Glätte aller synthetischen Fließbandprodukte.

Ein altes Haus ist oft nicht wiederzuerkennen, wenn die Gerüste fallen. Der neue Putz sitzt wie eine Maske. Starr und ohne Leben.

Immer peinlich wird es, wenn der Maurer sich bemüht, am Ende in die dicke Schminke doch noch Leben hineinzubringen. Und die letzte Lage aufrauht und Löcher oder Wurmgänge hineinreibt. Oder mit der Kelle kecke Schnörkel reißt. Das ist kein Handwerk, das ist Pfusch.

Kitsch-Putze. Wie diese rustikalen, eisernen Hausnummern aus dem Warenhaus, in die die Maschine wilde Kerben stanzt, damit es »echt« und »alt« aussieht. Hick-Hack, das der Dorfschmied früher als schlechten Lehrlings-Scherz in die Abfallkiste geworfen hätte.

Die belebte Oberfläche des alten Putzes entstand ja nicht aus Schlamperei, jeder Maurer hatte sein Senkblei und ein geschultes Auge. Nur wußten sie eben, daß eine freihändig geputzte Kante so lebendig wird wie ein gezeichneter Strich. Am Lineal gezogen ist er starr.

Die Maurer werden leider weniger, die sich noch eine so persönliche Handschrift zutrauen. Es hilft dann nichts, als den Putz noch in nassem Zustand mit Kalkmilch einzuschlämmen, um die Starrheit etwas aufzulockern. Auch dann soll er aber nicht grob auf »alt« hingewischt werden. Alte Putze sind mit Sumpfkalk-Mörtel geputzt. Kalkmörtel kristallisiert an der Luft, bleibt aber immer elastisch. Es gibt jahrhundertealte Außenputze, die in ihrer Qualität durch nichts übertroffen werden können. Einen solchen gesunden Putz abzuschlagen, ist Unsinn. Nicht nur, weil er schöner ist und ein Dokument alter Handwerkskunst. Ausbessern ist auch billiger als neu verputzen, solange die Schadfläche unter 50 Prozent liegt. Nur muß wieder mit Kalkmörtel gearbeitet werden, nicht mit Zement. Zementputz hält nicht auf Kalkputz und weichem alten Mauerwerk, weil er mehr Spannung hat. Das gibt unweigerlich Risse. Und Zementputze dunkeln nach. Das gibt häßliche Flecken auf der Fassade, vor allem bei feuchtem Wetter. Wichtig ist, daß der Putz zur Oberfläche hin immer weicher wird. Auch bei neuem Putz. Harte Kruste auf weichem Untergrund reißt. Nie Zement in die letzte Lage mischen.

Der beste Kalkmörtel wird aus fettem, eingesumpftem Kalk angemischt. 18 Monate soll er mindestens in der Grube gelegen haben. Je älter er wird, desto besser ist er. Eine Kalkgrube sollte also bei jedem alten Bauernhof sein, sie macht sich bezahlt. Und Baustoffhändler führen in ihrem überquellenden Sortiment fast nur noch Fabrikware mit 6 Monaten Garantie. Eine Kalkgrube pflegen die wenigsten.

Auf einen Kalkputz gehört ein Kalkanstrich. Nur so bleibt der alte Putz elastisch und luftdurchlässig. Kalkputz muß atmen. Synthetik-Anstriche können den schönsten Putz ersticken und mürbe machen. Ein Kalkanstrich gibt dem Putz auch seine schönste Oberfläche. Kalkfarben sind warm und leuchten noch nach Jahrzehnten. An alten Scheunen sieht man das, die oft seit der Vorkriegszeit nicht mehr getüncht wurden. Kalkfarben wirken immer durchsichtig. Synthetik-Farben sind stumpf und dicht und liegen wie eine Folie über dem Putz und ziehen den Schmutz an. Stuck und Gesimse wirken teigig, Licht und Schatten unscharf.

Kalkmilch gibt nicht nur das schönste Weiß. Mit Zusätzen von Erd- und echten Mineral-Farben läßt sich eine endlose Palette von harmonischen und natürlichen Farben mischen, die alle zueinanderpassen. Und keinen grellen oder faden Mißton in die Landschaft bringen.

Das Dach

Am Anfang war das Dach. Frühe Bauernhäuser, wie sie noch Dürer gezeichnet hat, reichen mit ihren Strohdächern fast bis zum Boden herab. Häuser wie Zelte. Das Dach war der wichtigste Schutz für Ernte und Saatgut, für Mensch und Tier und mußte Schnee und Nässe weit fernhalten von den mühsam aufgerichteten Wänden des Hauses. Noch heute ist uns das Dach der Inbegriff von Schutz, von Zuflucht und Geborgenheit.

Im Lauf der Jahrhunderte stieg das Dach in die Höhe, erst nur an den beiden Giebeln, dann auch an der Traufe. Die vielen Formen, die da entstanden, haben die Landschaft fast noch mehr geprägt als die Baukörper darunter. Flachgeneigte Dächer für die Bergländer, von denen an sonnigen Tagen nicht sofort die Schneemassen abrutschten. Oder auch für Landschaften, die ihre Häuser mit schweren Steinplatten deckten. Steile Dächer in Regengebieten, wo sie mit Stroh deckten, das schnell wieder abtrocknen mußte.

Im Dorf, wo die Häuser frei stehen, sieht man das Dach von allen Seiten. Am Dach ist schon von weitem die Form der Häuser abzulesen, ihre Größe, ihre Höhe, ihre Länge, und wie sie zueinander in der Gruppe stehen.

Heute gibt es Dachdeckungsmaterialien für jeden Neigungswinkel. Die Industrie kann diese Materialien per Bahn, per LKW an jeden Ort der Bundesrepublik liefern. Wir können also jedes Dach überall bauen. Oder überall das gleiche. Dann entsteht entweder ein wahlloses Durcheinander oder graues Einerlei. Und es ist Schluß mit jeder regionalen Besonderheit.

Wenn wir beides nicht wollen, gibt es eigentlich nur einen gangbaren Weg: Den alten Baubestand, der die landschaftlichen Eigenheiten noch am deutlichsten zeigt, soweit wie möglich erhalten. Mit Neu- und Ersatzbauten doch wenigstens in Umrissen zu versuchen, die Hauptmerkmale dieser Besonderheiten aufzunehmen.

Zu diesen Hauptmerkmalen gehört auf jeden Fall das Dach. Seine Form, seine Neigung, sein Maßverhältnis zum Baukörper, die Firstrichtung mit den Nachbarhäusern, das Gesims, auf dem das Dach an den Seiten aufsitzt, der Ortgang, wo das Dach an die Giebelwände anschließt, der Dachüberstand, vor allem bei den flachgeneigten Dächern.

Das Dach sollte man in Ruhe lassen. Die Dächer der alten Bauernhäuser haben so wenig Aufbauten wie möglich. Alles, was die Dachfläche unterbricht, ist gefährliche Angriffsstelle für Frost und Schnee und Regen. Es gibt nur einen Kamin, der alle Feuerstellen vereinigt, und der ist kurz. Er tritt oben an der höchsten Stelle, am First, heraus. Da bleibt er das längste Stück sicher unter Dach und kühlt nicht aus, was den Zug verbessert. Und der gefürchtete Schnee- und Wassersack zwischen Kaminwange und ansteigendem Dach wird vermieden.

Zerschnipselt – als wären die Motten über das dumpfe, schwarze Sargtuch der Betondachsteine hergefallen. Die gleichen hohlen Löcher am Dach wie an der Fassade. Spiegelnd und blinkend. Drei verschiedene Formate, wahllos verteilt, wie in eine Maikäferschachtel gestochen. Dazu die Blechspieße der Lüftungsrohre, die aufdringliche, ungestrichene Dachrinne, dazu passend das Schneegitter. Betondächer wirken starr. Schwarz sind sie am häßlichsten.

Die großen, ruhigen Dachflächen prägen das Dorf. Schon die Ständer für die Stromleitungen und die leidigen Fernsehantennen stören erheblich. Erdkabel hätten viele Vorteile. Und Fernsehantennen sollte man unter das Dach legen. Der Mehraufwand für einen besseren Verstärker lohnt sich, die Antenne lebt länger und ist sicher vor Stürmen. Vor allem zu große und ungeformte Gauben und das Durcheinander von liegenden Dachfenstern zerstören die alte, ruhige Dachlandschaft der Dörfer.

Dachfenster müssen nicht groß sein. Sie lassen wesentlich mehr Licht herein als die Fenster an den Hauswänden. Nur *ein* Format verwenden. Zwei schmale Fenster sind besser als ein großes. Und man braucht keine Sparren durchzusägen. Dachfenster sollen nicht oben am First hocken und auch nicht vorne am Rand der Dächer. Da ist das Licht einfacher vom Giebel her zu holen. Dunstabzüge aus Ziegelton fallen weniger auf als Blechentlüfter. Überhaupt – jedes Blech am Haus sollte gestrichen werden. Es sieht immer blechern aus.

Zimmer im Dach sind die liebenswürdigsten im Haus. Die meisten zweigeschossigen Häuser auf dem Land ließen sich vermeiden, wenn ein voll ausgebautes Obergeschoß nicht Prestigeangelegenheit wäre.

Wieviel Leben in der alten Biberschwanz-Deckung steckt. Keine Fläche blieb unbelebt beim alten Haus. Dachhaut sagten sie früher. Jeder Ziegel mit der Hand geformt. Mit den Spuren der Hände. Wer noch so ein Dach hat, sollte Ersatzziegel sammeln, wenn anderswo umgedeckt werden muß. Und Ortsvorschriften sollten verhindern, daß solche Schätze in die Müllgrube gekippt werden.

In Schiefergegenden sollte man mit Schiefer decken. Wer auf schwarzen Asbestzement ausweicht, sollte Platten mit Rundschnitt wählen. Und die harte Schnittkante mit einigen Hammerschlägen abstumpfen.

Maschinen sind zu perfekt geworden. Mit ihrer Präzision verdrängen sie die Phantasie und den Zufall. Beides gehört zum Wesen der historischen Häuser. Wer heute an einem alten Haus Verbrauchtes ergänzen muß, ergänzt nicht nur, sondern verändert. Was er an Lebendigem wegnimmt, ersetzt er durch starre Präzision. Dachziegel sind so ein Beispiel. Sie sind auf hundertstel Millimeter plan gepreßt und exakt gleich groß geschnitten. Ihre Oberfläche ist so glatt gewalzt und makellos, daß sich auch nach Jahren noch kein Moos und keine Flechte ansetzt. Die Öfen heizen auf hundertstel Grad genau. Es gibt keine Fehlfarben mehr. Kleine lokale Ziegeleien geben auf, es bleiben Großkonzerne, die überallhin das gleiche liefern.

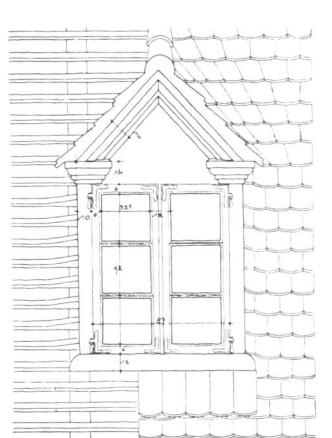

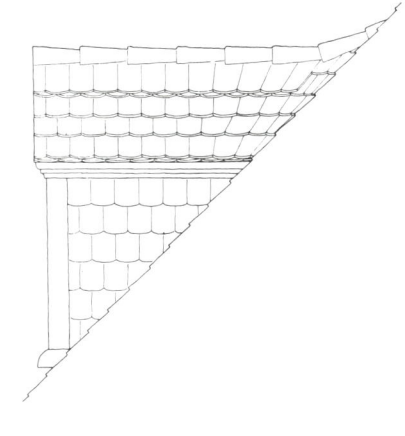

Aber es gibt noch Ziegel aus Ton. Und es gibt sie noch in Naturrot. Ohne Engobe, diese Schokoladensoße, die Ziegel zu Synthetik-Schuppen macht. Die sich nie mehr verändern. Naturrote Ziegel haben noch immer die Chance, Patina anzusetzen. Alterswürde. Mit Anstand alt zu werden. Und es gibt noch Biberschwänze, wie vor 500 Jahren. Der Ziegel, der den alten Häusern noch am besten steht. Der Ziegel, den die Kinder zeichnen. Ein gutmütiger Ziegel, denn er macht Unebenheiten mit, hält dicht, auch wo sich aus Altersschwäche die alten Dachstühle gesenkt haben. Ein idealer Ziegel also für das alte Haus. Während man mit starren Falzdachsteinen aus Beton in Schwierigkeiten kommen kann.

Auch so könnten Garagen aussehen. Ein Dach aus Ziegeln, wie sie das Wohnhaus hat, mit gleicher Neigung, gleichem Maueranschluß oder Überstand. Und ein Tor aus Holz, das sollte die Garage schon bekommen. Wenn man sie nicht in einer leerstehenden Scheune unterbringen kann. Ein überstehendes Dach hat den Vorteil, daß man damit den geraden Abschluß des Kipptores verbergen kann. Der immer häßlich ist.

Hier das genormte Futteral für den Götzen Auto. Eine Betonkiste mit einem Blechdeckel. Kurz, flach und häßlich. Mit einem Minimum an Aufwand ein Maximum an Scheußlichkeit.

Die Straße

Es gibt noch immer Landstriche, wo am Samstagnachmittag die Frauen mit einem Reisigbesen auf die Straße kommen und sie ein gutes Stück weit bis zur Mitte kehren. Die Dorfstraße gehört allen gemeinsam, heißt das. Sie ist nichts Fremdes, für das irgendeine abstrakte Verwaltung zuständig wäre. Die Straße gehört mit zum Haus. Und jeder trägt sein Teil, daß es sich gut leben läßt in einem schöneren Dorf.

Der Straße zur Zierde
Apfelkam zur Würde
Mir zur Freude
Schmück ich dieß Gebäude.

An einem Bauernhaus in Apfelkam bei Rosenheim (erbaut 1821)

Die Brutalität des Durchgangsverkehrs hat diesen Brauch in den meisten Dörfern ausgelöscht. Die Straße ist laut geworden, feindlich, tödlich.

Hier hat ein Bulldozer drei schnurgerade Fahrspuren durch das Dorf geschlagen. Mindestens fünf alte Bauernhäuser sind da ausgelöscht worden. Damit der Verkehr jetzt schneller, flüssiger und rücksichtsloser durchrauschen kann. Was im Wege stand, wurde wegamputiert. Drei Meter Stadel, Mauern, Zäune, Vorgärten, Hausbänke, Lauben, Bäume. Die Dorfstraße, einst die Mitte des Dorflebens, ist zur feindlichen Durchfahrpiste geworden. Das Dorf bricht auseinander. Aus dem Miteinander wird ein Gegenüber. 60 Tanklastzüge fahren hier täglich durch. Jetzt noch um einige Meter näher an Bett und Eßtisch der Bewohner vorbei. Die Häuser von Dreck und Salz besprüht. Was für ein Leben muten wir uns zu? Die Eile der Durchrasenden ist wichtiger als das Leben der Bewohner. – Wäre eine Umgehungsstraße nicht die einzig mögliche Lösung?

Wenn jetzt Dorferneuerungs-Verfahren eingeleitet werden, steht die Umgehungsstraße jedes Mal an erster Stelle. Warum kommen sie bei uns immer zu spät? Wenn die Bagger schon abgeräumt haben. Wenn der Asphalt alles Lebendige schon begraben hat. Auch die kostspieligste Dorferneuerung kann im nachhinein nur Kosmetik betreiben, wenn die Substanz einmal verloren ist.

Dorfstraße
1969: Vorgärten
1975: Parkspuren

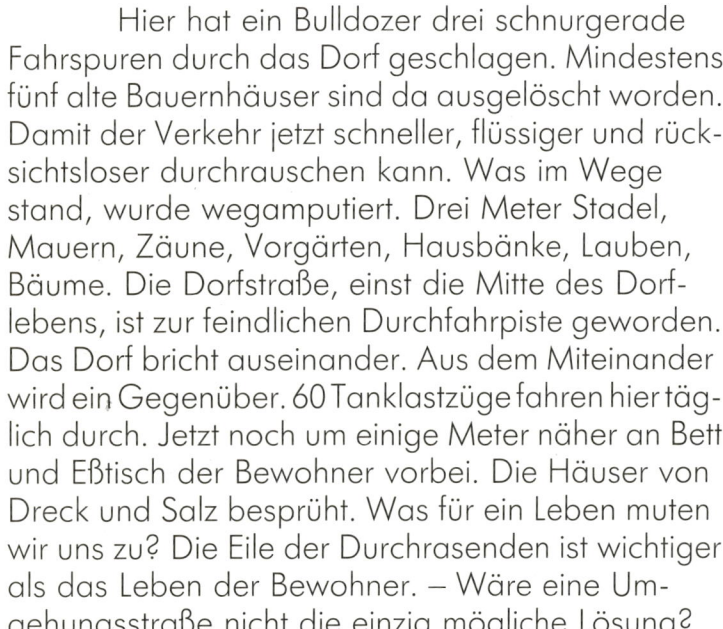

Nichts steht den alten Häusern an der Straße besser als das alte Pflaster. Und nichts schützt die Bewohner besser vor rücksichtsloser Raserei. Auch keine Radar-Kontrolle. Pflaster ist lebendig, Handarbeit, zeichnet Muster, zeigt das Gelände. Asphalt ist dumpf, maschinenglatt. Asphalt erzeugt Pedanterie. In 99 von 100 Fällen wird er bis an die Hauswand gekippt. Und damit ist es vorbei mit jeder intimen Grenze vor den Fenstern und der Haustür.

Oder es werden der Dorfstraße Gehsteige verpaßt. An beiden Seiten. Mit hohen Granitkanten, die sich nicht nach den Häusern richten, sondern nach den Verkehrsspuren. Das macht die Straße hart und starr. Ein Fließband.

Verkehrssignale im Dorf sind Alarmsignale. Ein Dorf, das Leitplanken braucht, Verkehrsinseln und Zebrastreifen, braucht eigentlich eine Umgehungsstraße.

1935: Straße
1978: Piste

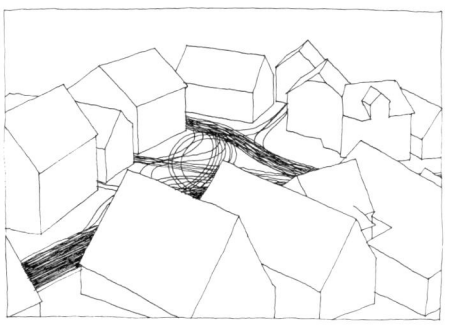

Asphalt macht heiß. Bäume machen Schatten. Ein Dorf, das sich seiner Straßenbäume beraubt, erschwert sich das Leben. Bäume halten die Autos von den Häusern fern, binden Staub und Gase und dämpfen das grelle Licht der Scheinwerfer. Mit Bäumen lebt man durch die Jahreszeiten. Und Bäume sind schöner als Peitschenlampen. Wenn Leuchtstoffröhren schon da sein müssen, dann helfen Bäume wenigstens, die klotzigen Masten zu verstecken.

»Nur das grüne Dorf ist schön« – Grün heißt Natur. Nicht Grünersatz in Dosen. Und Waschbetontrögen. Und knorrigen Baumsärgen. Das gute Dorf ist eingebettet in die Landschaft. Im Dorf künstliche Natur abgepackt anzubieten, ist so unsinnig, wie ein Aquarium ins Meer zu hängen.

Die Dorfstraße braucht auch keine städtische Grünanlage. Mit Schere und Messer zu pflegen. Schild: »Betreten verboten«. Die Telefonzelle sieht mit der gestutzten Blutberberitzenhecke wie ein nationales Denkmal aus. Und die Verkehrsinsel gibt mit fernöstlichen Krüppelgewächsen Botanik-Unterricht für Gartenzwerge.

Alles Kleinigkeiten. In der Welt des Dorfes haben sie Gewicht.

Plastic

Seit um 1800 auch auf dem Land Häuser aus Stein üblich wurden, genierten sich manche Besitzer von Holzhäusern und versteckten die Balken hinter Putz oder Kalktünche. Oder, wo es ihn gab, hinter silberschwarzen Platten aus Schiefer. Aber wie lebendig wirken die mit der Hand behauenen Natursteine in den unterschiedlichsten Formen und Formaten, gegenüber dem synthetischen Fabrik-Panzer aus gewalztem Plastic und Asbestzement.

Aus alt mach neu. Aus echt mach Synthetik. Gesimse weg. Verzierungen weg. Proportionen und Baukörper weg. Eingesargt.

Die vernagelte Welt.

Häuser sind wie Bäume. Nicht wie Autos. Sie stehen Jahrzehnte im Freien. Nicht in der Garage. Sie müssen Sturm und Schnee und Gewitter aushalten können und fünfzig Frostwechsel im Jahr.

Und das muß man den Häusern auch glauben. Ein Haus, dem man Asbestzement und Plasticplatten vorgehängt hat, wirkt wie ein Kartenhaus. Papieren. Das ist nicht Architektur. Das ist Verpackung. Schonbezug. Wenn man hinklopft, klingt es hohl. Wenn es hagelt, gibt es Scherben.

Die Wetterseite. Simpel, billig, schön. In den Wind stellte man früher die geschlossenen Seiten der Scheunen. Mit einer schlichten Holzverschalung. Silbergrau geworden in Wind und Regen. Natürliches Material aus der Landschaft. Die Bretter immer

Allein schon der Wegfall der knappen Vordächer über jedem Geschoß macht den neuen Giebel leer und langweilig. Obwohl noch das Bedürfnis da ist, Ecken und Fenster zu betonen – das Haus wirkt glatt und tot wie aus gestanztem Blech. Die neue Aluminiumhaustür, die willkürlich zugemauerten oder breit aufgerissenen Fensteröffnungen mit ihren langweiligen Plastic-Jalousien, der Hof mit Asphalt zugekippt, der lächerlich zerschnipselte Randstein an der verbreiterten Straße, das alles gibt dem Haus den Rest. Verpfuschtes Haus – verpfuschtes Zuhause.

senkrecht gestellt, damit das Wasser besser ablaufen kann. Senkrechte Schalungen sind haltbarer als waagrechte. Die Fugen zwischen den Brettern sind mit Leisten abgedeckt. So können sich die Bretter bewegen, ohne Schaden anzurichten. Der Giebel wird gesondert verschalt und vor die unteren Bretter vorgezogen. Das gliedert und schützt. Die Bretter in unterschiedlichsten Breiten, wie sie aus der Säge kommen. So eine Wand lebt. Und die Wetterseite schützt noch einmal ein Wall von Bäumen und Sträuchern. Holunder, Flieder, Eschen, Birnen, Johannisbeeren. Sie brechen den Wind und binden den großen Bau in die Landschaft ein.

Kunststoff-Burg. Mit Tapeten-Mauern. Und Aluminium-Stoßkanten. Was soll das gequälte Puzzle-Spiel mit Steinbruch-Schutt? Wo man auf tausend Schritt den öden Raster der Maschine sieht? Meterware vom Fließband, auf gediegen ge-schminkt. Die Maskerade ist perfekt. Beinah noch schlimmer sind die großen Hochglanztafeln. Weg-werf-Karosserien. Am Ende Schrott und Scherben. Und dieses schäbige Ende kündigt sich an nach Monaten, wenn schmutzige Regenstreifen den Plastic-Panzer überziehen und die Rostfahnen der Nägelköpfe.

Wetterseite an einem neuen Landhaus. Überlukte Schalung aus breiten Fichtenbrettern nach dem Vorbild der alten Scheunen dieser Gegend. Holz, ungefärbt und unbehandelt. Und auch die Wetterbäume sind bereits gepflanzt.

Holz ist warm, lebendig, hat Zeichnung, Wechsel, Vielfalt und eine Oberfläche, die mit den Jahren immer schöner wird. Wenn man sie nicht zu Tode beizt oder in Lack ertränkt. Nichts ist schöner als sonnverbranntes Holz an der Südseite und das Silbergrau gegen Westen. Man muß nur einige Jahre Geduld haben.

Zwischen 20 und 30 cm breit und 30 mm stark sollen die Bretter schon sein, sonst wirken sie schwächlich und unglaubwürdig.
Nut- und Federbretter gehören in die Sauna, nicht an die Außenwand. Dort reißen sie.

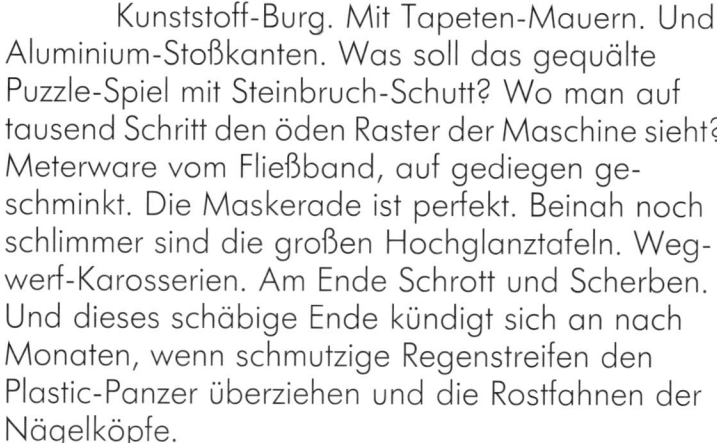

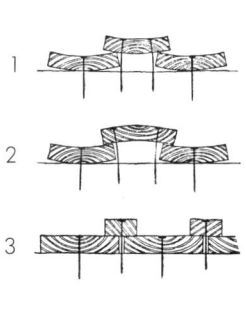
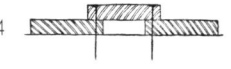

Schalungsbretter brauchen Bewegungsfreiheit

1 Sehr haltbare Schalung. Bretter mit der Waldseite nach außen aufgenagelt. Holz aus der Mitte des Stammes verwenden.

2 Sehr dichte Schalung. Bretter wechselseitig aufgenagelt. Äußere Bretter verwittern schneller, weil die Kernseite Wasser zieht.

3 Auch bei der Leistenschalung jedes Brett gesondert anschlagen. Jede Holzschalung muß hinterlüftet sein.

4 Falsch befestigte Schalung. Ein Nagel darf nicht durch zwei Bretter geschlagen werden.

49

Der Laden

Noch eine sichere Möglichkeit, ein altes Haus zu ruinieren, ist ein schicker Ladeneinbau. Das Haus wird unten ausgehöhlt und abgeschnitten. Und auf eine zerbrechliche Glasvitrine gestellt. Keine Stützen, kein fester Rahmen, der Sockel auf Dackelhöhe geschrumpft. Das Haus hat jede Glaubwürdigkeit verloren. Das Obere hat mit dem Unteren nichts zu tun. Und die fremde Kalkstein- oder Mosaik-Verkleidung wird auch nicht schöner, wenn die Hunde das Bein heben.

Gute Bilder brauchen einen guten Rahmen. Nicht das Riesenschaufenster macht neugierig, sondern das kleine, intime. Das haben die Werber längst erkannt. Neuerdings werden die großen Super-Scheiben wieder mit Klebefolien verkleinert. Auch Fenstersprossen werden wieder aufgeklebt. Wo man sie vor zehn Jahren erst herausgerissen hat.

Viel gute Form und echte Handwerkskunst ist mit den alten Ladenbauten auf den Schuttplatz gekippt worden. Heute werden hohe Preise dafür bezahlt. Boutiquen, Juweliere, Tabakgeschäfte, Apotheken, alle, die mit Niveau, Gediegenheit, Vertrauen um den Kunden werben, haben gemerkt, daß solche Läden besser ziehen als Allerweltsgeschäfte.

Konsumfront. Die alten Häuser sind zu Schaubuden degradiert. Ladenketten. Von Flensburg bis Berchtesgaden das gleiche Einerlei. Schrift, Werbung, Farben, Fähnchen. Grell, schrill, laut, aufdringlich. Über zwei, drei, vier Häuser der gleiche Jahrmarkt-Trubel. Konzerne kaufen sich ein, ohne mit der Wimper zu zucken. Hauptsache, die Lage stimmt. Die anderen 370 Filialen ziehen die neue mit, auch wenn sie länger keinen Profit abwirft.

Warum hat niemand Stirn genug, den Konzernen klarzumachen, daß nicht ihr Verkaufs-Image die Hauptsache ist, sondern der Lokal-Charakter? Daß drei aufgekaufte Häuser drei verschiedene Häuser bleiben müssen. Und nicht zu einem Eintopf-Kaufhaus vermanscht werden dürfen. Warum schreitet niemand ein gegen diesen Rummel mit vorgehängten Papp-Transparenten und kitschigen Fahnen und die mit Werbung zugekleisterten Fenster?

Rathäuser, Sparkassen und andere Alpträume

Öffentliche Gebäude und Anlagen sind Vorbilder. Was vorne am Hauptplatz steht, wird in den Gassen nachgeahmt. Das sollten Staat, Gemeinde und Architekt nie vergessen. Öffentliche Gebäude setzen einen Maßstab. Was die gestalterische Qualität angeht und die Einfügung in das Ortsbild.

Ein Kommunalbau. Nicht gerade ein Vorbild für den Bürger. Brutaler hätte man den Platz kaum schließen können. Zu nah, zu groß, zu steinig. Ein Panzerkreuzer. Mit monoton herausgestanzten Löchern. Vorgehängte Felsen machen eine einfallslose Wand nicht besser, nur starrer. Sogar das Dach sitzt langweilig und beiläufig da oben. So als wäre die harte Kiste erst mal ohne Hut geplant gewesen. Dann hat man doch auf die Variante 2a zurückgegriffen. Mit Dach. Rathäuser sind Offenbarungseide. Sie zeigen, wie die Verantwortlichen ihre Gemeinde sehen. Oder wie sie sie gern hätten.

Noch eine Bank, die Repräsentation mit Lautstärke verwechselt. Klotzig, klobig, protzig, rücksichtslos. Hast du was. Bist du was.

Es geht auch anders. Kleine Fenster. Blumen davor. Ein Tor aus Holz. Und eine kleine Schrift. Ein gutes Haus ist die beste Werbung. Ein Haus ohne Gags. Gags verbrauchen sich schnell. Und wirken morgen schon wie von vorgestern. Was will eine Bank schon ins Fenster stellen? Die immer gleichen Plakate mit den immer lachenden Blondinen, die durch Kleinkredite glücklich werden. Und Staub und tote Fliegen daneben.

Der Baum

Bäume waren heilig. Heute stehen sie im Wege. Einst wohnten Götter und Nymphen in ihren Kronen. Heute muß man blühende Kirschbäume durch Baumverordnungen schützen. Daß man Menschen, die je einen goldenen Ahorn im Herbst gesehen haben oder eine Birke im Rauhreif, vorrechnen muß, was Bäume als Staubfänger, Sauerstofflieferanten und Schallschlucker leisten, ist ein Thema für Psychiater und Anthropologen.

Bäume pflanzte man zur Hochzeit und bei der Geburt jedes Kindes. Häuser ohne Bäume waren sowenig denkbar wie Männer ohne Bart. Heute stehen die Häuser kahl und nackt, von einem kümmerlichen Flaum von Cotoneaster und Krüppelkoniferen umstanden. Oder starren, spießigen Blaufichten, synthetisch wie Fabrikware, die Lieblingspflanze des Plastic-Zeitalters. So wie die Dinge stehen, brauchen wir keine Bodendecker. Sondern Hausverstecker. Hochwüchsige Laubbäume verlängern ein Haus und binden es in die Landschaft. Bäume verschleiern leere und häßliche Flächen. Unterbrechen langweilige Fassaden. Verbinden Bauten, die ohne Beziehung beisammenstehen. Drücken zu hoch geschossene Häuser und Silos. Baumreihen können Planungsfehler erträglicher machen, Fabriken, Einkauf-Center und Monster-Parkplätze.

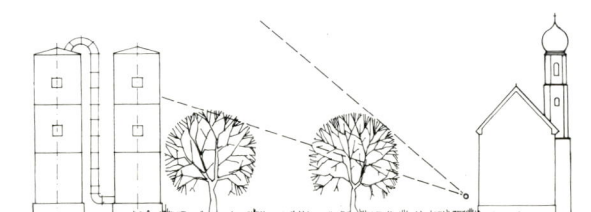

Hausbäume sind Laubbäume. Laubbäume zeigen zu jeder Jahreszeit ein neues Bild. Und Laub ist der beste Kompost. Nadelbäume werfen auch im Winter Schatten. Wenn man sich nach der Sonne sehnt. Und versäuern den Gartenboden. Nadelbäume machen starre Häuser noch starrer. Und niemand wird sich in der Badehose zu einer Fichte legen. Nadelbäume holt man nur einmal zum Haus, an Weihnachten. Sonst stehen sie besser im Wald.

Heimische Pflanzen, die auch in der Umgebung wachsen, tun sich leichter als anspruchsvolle Exoten. Es ist rührend, mit anzusehen, was Hobbygärtner an Pulvern und Säften über teure Kümmerlinge schütten. Solche Raritäten sollte man den Botanischen Gärten überlassen. Die haben das Personal dafür. Was paßt, wächst von alleine. Deshalb steht den Straßen auch die Linde besser als der Rhododendron in der Waschbetonkiste. Der das ganze Jahr betreut werden muß.

Bäume können graue Dörfer zu Oasen machen. Bäume bringen Leben in Straßen. Auch wenn die so langweilig sind wie ein Pappkarton. Bilder überzeugen besser als Pläne. Wer im Dorf sanieren will, muß seine Absichten so einleuchtend wie möglich darstellen können. Sonst kommt er gegen geballtes Mißtrauen nicht an. Im Dorf aber sollte jeder mittun. Und zwanzig verschiedene Meinungen sind für eine Sanierung zu viel. Bei so deutlichen Phantomzeichnungen kann auch der Laie mitdenken und mitentscheiden. Vielleicht kann so eine Zeichnung auch Hausfrauen vom Nutzen der Bäume überzeugen, die bisher nur die abgefallenen Blätter zählten.

Der Zaun

Verschanzen Sie sich nicht hinter hohen, häßlichen Zäunen. Das gehört jetzt mir. Ätsch. Betonsockel wirken wie Grabeinfassungen. Maschendraht sieht immer wie ein Provisorium aus, das vor sich hin rostet. Den müßten Sie sofort mit einer Hecke hinterpflanzen. Auf beiden Seiten. Und einwachsen lassen. Reicht der Draht bis in den Boden hinein, sind Sie ein Leben lang vor Hund und Hase sicher. Am schlimmsten sind zusammengewürfelte Zäune. Aus mehreren Materialien. Betonbrocken mit Bruchstein garniert. Oder Formstein mit Plastic. Oder Klinker mit Jägerzaun. Nehmen Sie nur ein Material. Am besten Holz. In den meisten Fällen würde ein Stangenzaun genügen. Der markiert die Grenze aus-

reichend. Oder ungesäumte Bretter. Wenn er dichter sein muß, sollten Sie einen Lattenzaun nehmen. Mit senkrechten Latten. Jägerzaun wirkt zu aufwendig. Wie ein gehäkeltes Sofa-Kissen. Am haltbarsten und natürlichsten ist der senkrechte Hanichl-Zaun. Aus jungen Fichten- und Tannenstämmchen, entrindet und halbiert.

Die Zaunsäulen sollten Sie ebenfalls als Holzpfosten ausführen und hinter die durchlaufenden Zaunfelder setzen. Und tiefer als die Zaunspitzen. Zäune sollen ruhig sein. Gehen Sie mit dem Gelände. Vermeiden Sie Abtreppungen. Gebeizte und lacküberzogene Mahagoni-Bretter gehören ins Bücherregal. Nicht in die Landschaft.

Machen Sie einfache Tore und Gartentüren. Am besten auch aus Holz. Nachgeäfftes schmiede-eisernes Rokoko sollten Sie im Schlafzimmer verwenden. Dort stört es am wenigsten.

Denken Sie bitte daran, wie lebendig eine natürliche Hecke wirkt. Von Wildrosen. Rosa rugosa zum Beispiel. Duftet. Blüht bis zum Herbst. Hat Hagebutten im Winter. Macht keine Arbeit. Überlebt Sie.

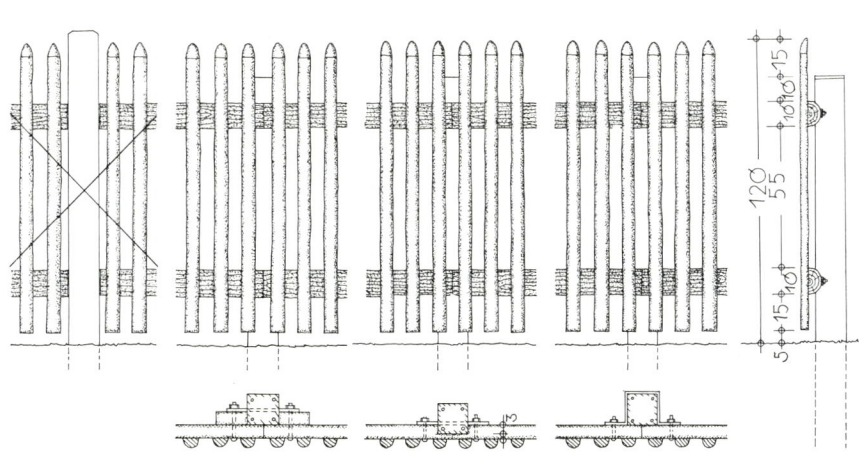

Brief an einen Kommunalpolitiker oder Schlußwort für jeden, der für das Dorf aktiv werden möchte. – Und eine Handvoll guter Beispiele.

Sagen Sie nicht, Sie könnten nichts tun. Der Bürger wolle es so. Und wir seien eben eine Demokratie. Und Vorschriften gebe es genügend. Sie haben recht, Vorschriften gibt es nicht nur genügend. Es gibt zu viele. Trotzdem. Auch in einer Demokratie glauben wir an Persönlichkeiten, an die Kraft der Überzeugung, an die Stärke des guten Vorbilds. Auch Sie sind Vorbild.

Kann man aus den Fehlern anderer lernen? – In vielen Städten hat sich das Blatt mittlerweile gewendet. Sie sind auf dem Rückzug zum Besseren. Bürgerinitiativen haben die Notbremse gezogen und zum Nachdenken aufgefordert. Und sie haben Gehör gefunden. Verwaltungen und Kommunalpolitiker reden heute wieder von der »menschlichen Stadt«. Nicht nur von »Sachzwängen«. Ortssatzungen sollen einen Weg aus der skrupellosen Gleichgültigkeit zeigen. Kardinalfehler aus den Boomjahren werden mühsam retouchiert. Es ist nicht mehr lächerlich und nicht mehr aussichtslos, um alte Häuser zu kämpfen und alte Bäume zu schützen.

Vieles ist schlecht gelaufen in den letzten Jahrzehnten, weil sich keiner der Verantwortung bewußt war für das Gesicht der Umwelt. Oder sich erfolgreich davor drückte.

Auch Sie tragen Verantwortung. Auch Sie entscheiden, wie dies Land in das nächste Jahrhundert geht. Fordern Sie nicht schnelle Erfolge, sondern gründliche Planung. Verbaut ist verbaut, verplant ist verplant. Verbrauchte Landschaft ist für alle Ewigkeit verbraucht. Und Besitzgrenzen ändern sich nur in Diktaturen. Verstellen wir unseren Kindern nicht die Welt mit Chaos und Fehlplanung und Gebirgen von Beton, die sich nie mehr beseitigen lassen. Mit hohen Unterhaltskosten. Und einer endlosen Kette von Bauschäden.

Fordern Sie gestalterische Qualität. Rücksicht auf regionale Erscheinungsformen, Anpassung in das Bestehende, Einfügung in die Landschaft. Auch bei öffentlichen Bauten. Es ist schwer, vom Bürger zu verlangen, was man selbst nicht einhält. Auch wenn Sie sich Ihr Haus bauen. Geben Sie ein Vorbild. Es ist wichtig, wie das Pfarrhaus aussieht und das Haus des Bürgermeisters.

Fordern Sie öffentliche Wettbewerbe bei größeren Bauaufgaben. Nicht das Geld macht ein Haus gut, sondern die guten Einfälle. Suchen Sie den Besten, nicht den Nächstbesten. Ein Architekt von außerhalb kann oft freier planen, ohne Rücksicht auf Geschäftsfreunde und Stammtischbrüder. Und hat vielleicht auch einen objektiveren Blick für die spezifischen Schönheiten der Umgebung des Neubauprojekts. Gründliche Planung hilft sparen. Es ist deprimierend, zu hören, daß immer wieder Riesen-Projekte schnell über die Bühne gejagt werden, weil zufällig noch Gelder im Haushaltsplan übriggeblieben sind. Schlecht geplante Bauten sind eine Verschwendung. Es ist lästig, gute, alte Bauten instand zu halten. Aber es ist viel schäbiger, schlechte Neubauten mit hohen Unterhaltskosten mühsam über die Runden zu bringen.

Lernen Sie exakt Pläne zu lesen und Modelle zu begutachten. Es grenzt an Schildbürgerstreich, wenn sechzig Kreisräte bei der Einweihung des neuen Landratsamtes die Köpfe schütteln, obwohl ihnen alle Pläne vorgelegt wurden.

Fordern Sie Foto-Montagen, die die Einfügung in die Landschaft und Umgebung klarstellen. Modelle sehen von oben immer schick aus. Leben müssen wir mit dem Fertigen unten. Tragen Sie Sorge, daß auch ein Landschaftsarchitekt mit der Einbindung von Großbauten in die Umgebung betraut wird. Und daß die rasanten Architekten-Bäume vom Modell auch wirklich gepflanzt werden. Meist sind sie bitter nötig.

Denken Sie bei geplanten Kommunalbauten auch an leerstehende Denkmäler. Rathäuser kann man in Pfarrhöfe und Schlösser einbauen. Und Kindergärten in Bauernhäuser. Wie will der Staat vom Bürger Sinn für den Gedanken des Denkmalschutzes erwarten, wenn seine eigenen Behörden alte Bauten im Stich lassen und sich neue Paläste auf der grünen Wiese bauen?

Helfen Sie mit, die Dörfer kompakt zu halten. Und die heilige Kuh »Abstandsfläche« zu schlachten. Abstandsfläche mal Abstandsfläche ergibt zerschnipselte Landschaft. Kein Ortsbild. Ein Innenhof, ein Obstgarten hinter dem Haus mit einem Weg in die Felder ist mehr wert als eine angekippte Terrasse mit einem offenen Kamin vier Meter von der Straße.

Bauen, sanieren Sie erst im Dorf, bevor Sie Landschaft verschwenden. Und teure Infrastruktur. Es ist unsinnig, mit großem Aufwand Höfe auszusiedeln, die nach kurzer Zeit von den Neubauten wieder eingeholt werden. Und der Dorfkern leert sich. Und der Abbruchschutt wird zu Parkplätzen planiert. Geizen Sie mit den verbliebenen Freiflächen. Neubauquartiere brauchen keine Aufmarschstraßen. Mit doppeltem Gehsteig. Sie brauchen vor allem große Alleebäume. Wenn schon die Grundstücke so knapp sind und der Haß auf Bäume so groß, daß Nachbarn Prozesse führen, dann muß die Gemeinde für den Bürger pflanzen. Bis wir dieses FKK-Stadium überwunden haben. →

Probleme des Wohnens in der Gemeinde gehen jeden an und sollten gemeinsam gelöst werden. Mit dem Bürger, nicht gegen ihn. Es ist besser, aufzuklären, als zu verbieten.

Mißtrauen Sie Vorschriften. Fordern Sie keine neuen Paragraphen. Wie wir sie schon im Überfluß haben. Diktate von Brandschutz und anderen Sachversicherern. Perfektionswahn in Zahlen. All die langweiligen Häuser, die das Land verderben mit ihrer Banalität, haben anstandslos jede bürokratische Hürde genommen. Sind abgesegnet mit Stempel und Unterschrift. Gestalterische Qualität läßt sich nicht verordnen. Qualität ist eine Sache von Schulung und Erziehung. Das gilt auch für die zuständigen Behörden. Setzen Sie sich dafür ein, daß Qualität wieder ein Kriterium wird. Es kann nicht der Sinn demokratischer Gleichberechtigung sein, daß die Maßstäbe auf die niedrigste gemeinsame Ebene heruntergeschraubt werden.

Helfen Sie mit, daß wir alle wieder lernen, Ansprüche zu stellen. Im Gespräch mit Handwerkern, mit Bauunternehmern, Architekten, Straßenbauern, Gärtnern. Mit dem Bürger. Nur da, wo Qualität gefordert wird, hat das Handwerk auf lange Sicht noch eine Chance. Nur ein Bauherr mit Geschmack und individuellen Wünschen sichert auf Dauer Arbeitsplätze. Machen Sie Gestaltung zu einem öffentlichen Anliegen. Nichts ist öffentlicher als die gebaute Umwelt. Geschmacklosigkeit auf offener Straße ist genauso gefährdend wie überhöhte Geschwindigkeit. Warum stellen die Gesetze an Autofahrer strengere Anforderungen als an Häuserbauer? 80 Prozent aller Bauten auf dem Lande werden ohne Architekten geplant. Das heißt, daß das Planvorlagerecht an alles andere glaubt als an Qualität.

Wo so viele Schleusen für die Unfähigkeit offenstehen, sind die paar Buhmänner von Amts wegen machtlos. Kreisbaumeister und Denkmalpfleger. Täglich unqualifizierte Planvorlagen

$\longrightarrow$

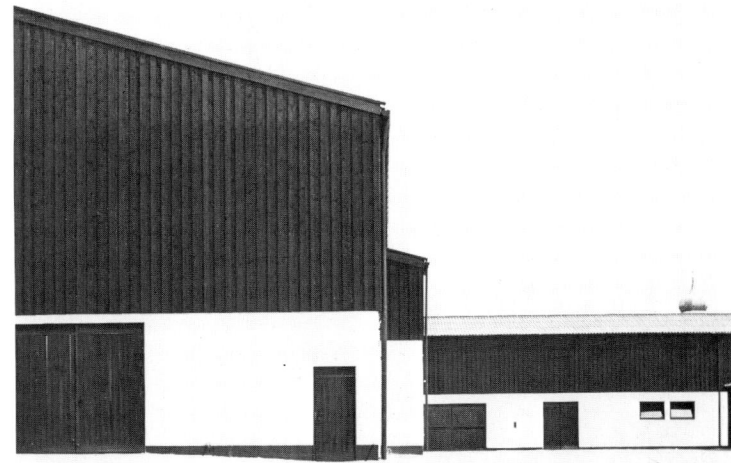

zurechtkorrigieren zu müssen, ist eine absurde Strapaze. Genauso deprimierend, wie mit »Fünfer-Schülern« einen Lehrplan erfüllen zu wollen. Aussichtslos. Und Mittelmaß ist dann die Spitze. Dazu sind die Kreisbaumeister abhängig vom Landrat, der oft bereits Zusagen gemacht hat, bevor noch die Pläne auf dem Tisch sind.

Bürgernah. Das ist ein wichtiges Argument für notwendige Verwaltungsvereinfachung. Bürgernah war die alte Bauberatungstätigkeit der Kreisbaubehörden. Aber die ist abgebaut worden. Weil sie angeblich das Verfahren erschwerte. Schon gibt es wieder Bestrebungen, die Baugenehmigungsverfahren weiter zu beschleunigen. Stimmen Sie nicht für schnellere, sondern für intensivere Verfahren. Bürgernah. Dem Bürger am nächsten steht das fertige Ergebnis. Die Häuser an den Straßen. Die er täglich sieht. Mit denen muß er leben. Die bestimmen sein Zuhause. Für etliche Jahrzehnte.

Gesetzesänderungen, die sich am Ende gegen Qualität richten, sind verheerend. Ein Bumerang. Mit schlechten Häusern, mit langweiligen Straßen, mit verdorbenen Ortsbildern säen wir Unzufriedenheit für Generationen. Da wird das Dorf zum Kaff. Und es werden nur die bleiben, die sich mit Mäßigem zufriedengeben.

Den Dörfern wurde übel mitgespielt in den letzten Jahrzehnten. Gebietsreform, der Abzug von Behörden, Dorfschullehrern, Pfarrer und Polizist, die Aufgabe der Selbstverwaltung, die Auflösung uralter Grenzen, Unterschiede und Zusammenhänge, das alles hat auch die kleine Welt der Dörfer anonym gemacht. Die Schulkinder verlassen morgens das Dorf im Schulbus wie die Pendler und kehren oft am späten Nachmittag erst wieder. Die Lehrer kommen von weit angereist. Kein guter Boden für gesundes Selbstbewußtsein, für Seßhaftigkeit, für Tradition, für Eigenständigkeit. Für ein Gefühl von Heimat, von Zuhause.

$\longrightarrow$

Der Traum vom Eigenheim im Grünen steht auf dem Wunschzettel des Bundesbürgers noch immer obenan und er ist bereit, sich und seine Familie für die Erfüllung dieses Traumes auf Jahrzehnte zu verschulden. Wir alle fördern diesen Traum und unterstützen ihn mit Steuergeldern. Obwohl wir zusehen können, wie unser aller Lebensraum dadurch knapper wird und enger. Und häßlicher. Wie eine Lawine von Nachfolgelasten auf uns alle zurollt. Bauen ist die größte Geldausgabe, die der Bürger tätigen kann. Bauen ist der Beitrag des einzelnen mit den größten Auswirkungen auf die Gemeinschaft.

Bauen wird jeder in der Regel nur einmal in seinem Leben. Ohne Erfahrung, ohne Probe, ohne Führerschein.

Vom Bauen sprechen bisher nur die, die Bauherren etwas verkaufen wollen. Überlassen Sie dieses Thema nicht den Baustoffhändlern, den Tür- und Fensterfabrikanten. Dazu ist es zu wichtig und hat zu viele Konsequenzen für uns alle. Überlassen Sie das Thema auch nicht nur den zuständigen Behörden. Kreisbaumeister und Denkmalpfleger werden immer erst gerufen, wenn das Problem zu

weit gediehen ist. Wenn die Wünsche schon Miß-
gestalt gewonnen haben. Wenn das alte Haus schon
zur Leichenbeschau freigegeben ist.

Bauen und Bewahren, machen Sie es zu
einem Gesprächsthema in Ihrer Gemeinde. Sprechen Sie von Ihren Straßen, von Ihren Häusern, von
Ihren Zäunen, von Ihren Fenstern und Türen, von
Ihren Bäumen. Von Ihrer Welt. Lassen Sie die Schulkinder aufschreiben und zeichnen, was ihnen gefällt
im Dorf, was nicht. Und wie man es verbessern und
verschönern könnte. Sie werden staunen, wie präzis
die Wünsche sind, die da ausgesprochen werden.
Nach mehr Farbigkeit, nach mehr Blumen, nach
mehr Bäumen. Nach bunten, heiteren Fenstern und
Haustüren. Nach ruhigeren Straßen, auf denen man
spielen und radfahren kann. Da kommen Wahrheiten
zutage, die für die bisherige Gemeindepolitik vielleicht gar nicht so schmeichelhaft sind.

Und auch die Eltern können Sie in dieses
Spiel mit einbeziehen. Starten Sie eine Fassaden-
und Bepflanzungsaktion. Tun Sie sich zusammen mit
Ihrer Regionalzeitung, die vielleicht zwei, drei Architekten und einen Kunsthistoriker beibringen kann.
Vielleicht auch einen Rabatt beim Berufsverband der
Baumschulbesitzer heraushandelt. Sichern Sie sich
die Mithilfe der zuständigen Baubehörden und des
Landesamtes für Denkmalpflege. Machen Sie eine
Begehung Ihrer Gemeinde mit den Gemeinderäten,
mit wichtigen Bürgern, Lehrern, Feuerwehr-
kommandant. Fragen Sie wieder: »Gefällt euch
das?« und »Fehlt da nicht ein Baum, ein Strauch?«
Der Wiener »Kurier« hat solche Aktionen in nieder-
österreichischen Gemeinden mit größtem Erfolg
durchführt. Unter dem Motto: »Wir wollen Nieder-
österreich schöner machen.« Die Begehungen vor
Ort zeigten immer das gleiche erstaunliche Ergebnis. Die meisten wußten recht gut, was ihrer Umwelt
fehlte, was da an Falschem schon passiert war und
an Gescheitem zu tun wäre. Sie hatten es nur noch
nie so offen und coram publico ausgesprochen.
Und da wurden Zusagen gemacht, von Haus-
besitzern, von Handwerkern, von Mitbürgern, die

plötzlich eine mäzenatische Stunde hatten, Zusagen
und Spenden, die man auf dem Dienstwege nie er-
reicht hätte. Die Bepflanzungsaktionen wurden zu
kleinen Volksfesten, weil oft die halbe Bevölkerung
zum Spaten griff, die Bürgermeister voran. Und
manchmal wurde die gleiche Menge an Pflanzen
nachbestellt, weil den Leuten die Bepflanzungsaktionen plötzlich zu kleinkariert vorkamen. In vier
Gemeinden wurden etwa 3000 Bäume und die
doppelte Anzahl an Sträuchern gesetzt. Und etwa
80 Prozent der Vorschläge, Fassaden farbig zu streichen, abgeschlagene Putzgliederung wieder anzu-
bringen, die Sprossenfenster zu belassen, kahle
Neubauten mit Farbe zu gliedern und mit Klappläden aufzulockern, wurden akzeptiert. Ohne daß
es Verwirrung und Verdruß gegeben hätte. Ausstel-
lungen mit alten Photos aus Privatbesitz, die zeigten,
wie es früher aussah im Dorf, hatten sensationellen
Erfolg und halfen, das Problem deutlich zu machen.

Der Wille ist da. Nützen Sie ihn. Die Informa-
tion fehlt. Geben Sie sie. »Es hat uns ja niemand gesagt.« Diese trostlose Formel dürfte es nicht geben.
Tun Sie solche Aktionen nicht als Kosmetik ab. Sie
steigern ohne Zweifel auch das psychische Klima in
den Gemeinden. Und das in den Wirtschaftswunder-
Jahren sehr angeschlagene Selbstbewußtsein der
Landbevölkerung. Gerade die frisch von der Land-
karte zusammengewürfelten Großgemeinden
haben solche Gemeinschaftsunternehmen bitter
nötig.

Verschönerung ist Verbesserung. Loben Sie
öffentlich gute Neubauten, stiften Sie Preise und
Prämien. Sie mögen noch so gering sein, Lob wirkt
immer. Bestellen Sie Musik und Bratwürste und
Tische und Bänke und feiern Sie, wenn einer sein
altes Haus am Platz hergerichtet hat. Die Rettung
eines schönen Hauses ist immer ein Grund zum
Feiern. Und Sie heben das Selbstgefühl derer, die
noch alte Häuser besitzen.

→

Fordern Sie erst solche Prozesse der Bewußt-
werdung in den Gemeinden, bevor das Füllhorn der
Konjunkturprogramme zur Dorfsanierung über sie
ausgeschüttet wird. Mit ein bis zwei Millionen Mark
kann man ein Dorf endgültig ruinieren. Man kann
auch ein Kleinod daraus machen. Nur, bevor man
Geld ausgibt, sollte man wissen, wofür. Sanieren
braucht Zeit, sonst wird nur geklotzt. Es ist für eine
Gemeinde wichtiger, den Mut von fünfzig Haus-
besitzern durch Beihilfen zu wecken, als eine drei-
spurige Straße durchs Dorf zu schlagen. Erst braucht
man vorbereitende Grundsatzuntersuchungen.
Dann kann man losschlagen. Verlangen Sie lang-
fristige Pläne, Stufenpläne. Keine Überrumpelun-
gen. Fordern Sie dauernde Unterstützung. Keine
Mittel in Schüben.

Was Jahrhunderte zusammengetragen
haben an Reichtum, an Form, an Phantasie, an
Können und Wissen um das gute Dorf und um das
gute Leben in der Gemeinschaft, das dürfen wir
nicht verprassen und vergeuden für den eiligen Profit
einiger Weniger, für kurzatmige, politische Erfolge.

Es geht wahrhaftig nicht um die Denkmäler.
Es geht um die Welt unserer Kinder. Denkmalschutz
ist Mumienpflege, wenn vom gewachsenen Dorf
nur mehr der renovierte Kirchturm übrigbleibt. Wir
brauchen nicht die Reliquie, in Folie verpackt, wir
brauchen die lebendige Auseinandersetzung mit
den alten Bauten, die unerschöpfliche Fundgrube
an Rat und Lösungen, die sie anbieten. Und ihre
manchmal sicher lästige Herausforderung, es gleich
gut zu machen.

Das Dorf ist noch ein überschaubarer
Lebensraum. Wenn wir nicht einmal im Dorf die
Entwicklung in die Hand bekämen, dann wäre die
Kapitulation des modernen Städtebaus endgültig.

Was es bis jetzt schon an Hilfen gibt

Neu bearbeitet von Michael Kummer

Die Erhaltung historischer Bausubstanz in unseren Dörfern wird durch zahlreiche Finanzierungshilfen erleichtert; das gleiche gilt für die Verbesserung öffentlicher Einrichtungen. Da die Erhaltung historischer Gebäude und Anlagen nicht nur eine denkmalpflegerische, sondern zugleich eine städtebauliche, strukturpolitische oder wohnungswirtschaftliche Aufgabe ist und denkmalpflegerisch bedingte Mehraufwendungen bei der Sanierung historischer Bauten in der Praxis oft nicht anfallen, sollte vor Inanspruchnahme denkmalpflegerischer Zuschüsse zunächst an allgemeine Förderungsprogramme gedacht werden.

Bei privaten Bauten sind indirekte Finanzierungshilfen durch Geltendmachung steuerlicher Vorteile oft wirkungsvoller und effektiver als die Inanspruchnahme direkter öffentlicher Förderungen.

Während die Bewilligung von Finanzierungshilfen durch die öffentliche Hand in der Regel auf freiwilliger Grundlage erfolgt, besteht auf die Gewährung steuerlicher Vorteile ein Rechtsanspruch des Bürgers.

Finanzierungshilfen

1. Zuschüsse zu unrentierlichen Kosten in Sanierungsgebieten nach dem Städtebauförderungsgesetz

Für Gebäude und Anlagen in förmlich festgelegten Sanierungsgebieten aufgrund des Städtebauförderungsgesetzes in der Neufassung vom 18. 8. 1976 (Bundesgesetzbl. I, S. 2318) können bei der Modernisierung und Instandsetzung Darlehen oder Zuschüsse zur Deckung der Kosten bewilligt werden (§§ 39, 43 StBauFG). Soweit Kosten nicht aus den nachhaltig erzielbaren Erträgen des Gebäudes gedeckt werden können, kommt eine Kostenerstattung (Zuschuß) in Betracht. Für den Einsatz von Sanierungsförderungsmitteln gilt die »Allgemeine Verwaltungsvorschrift« über den Einsatz von Förderungsmitteln nach dem Städtebauförderungsgesetz vom 14. 3. 1979. Nach dieser Vorschrift sind auch Kosten förderungsfähig, die unter Berücksichtigung landesrechtlicher Vorschriften, Verfügungen und Auflagen, insbesondere der Denkmalpflege, notwendig sind, um das Gebäude entsprechend seiner geschichtlichen, künstlerischen und städtebaulichen Bedeutung instand zu setzen und zu erhalten, in seinem gesamten Baubestand zu erneuern und einer den heutigen wirtschaftlichen Verhältnissen entsprechenden Verwendung auf Dauer zuzuführen. Die Gesamtkosten können die Kosten eines vergleichbaren Neubaus überschreiten. Die Sanierungsförderungsmittel können u. a. auch für die Modernisierung gewerblicher Räume eingesetzt werden. Wird durch eine Modernisierung zugleich ein Ausbau im Sinne des § 17 Abs. 1 Zweites Wohnungsbaugesetz bewirkt, können Mittel des sozialen Wohnungsbaus zur Verringerung oder Vermeidung des Kostenerstattungsbetrages eingesetzt werden. Anträge sind an die Gemeinde zu richten. Nähere Auskünfte erteilt die Gemeinde oder der von ihr beauftragte Sanierungsträger. Die Bescheinigung, daß es sich bei dem Gebäude des Antragstellers um ein erhaltenswertes Gebäude im Sinne des § 43 Abs. 3 StBauFG handelt, wird von der nach Landesrecht zuständigen Denkmalbehörde ausgestellt.

2. Förderung der Modernisierung und Instandsetzung von Wohnungen

Die finanzielle Förderung der Modernisierung und Instandsetzung von Wohnungen durch Bund und Länder erfolgt auf der Grundlage des Wohnungsmodernisierungsgesetzes vom 23. 8. 1976 (Bundesgesetzbl. I, S. 2429). Nach dem Auslaufen des gemeinsamen Bund-/Ländermodernisierungsprogrammes im Jahre 1982 stehen Förderungsmittel aus diesem Programm nicht mehr zur Verfügung. Einige Länder haben ab 1983 jedoch Landesmodernisierungsprogramme aufgelegt. Die Durchführung erfolgt nach den jeweiligen Ländermodernisierungsrichtlinien.
Gefördert werden in der Regel vor dem 1. 1. 1964 errichtete Wohnungen in Privateigentum, die zur dauernden Führung eines Haushaltes geeignet und bestimmt sind; Familienheime und eigengenutzte Eigentumswohnungen jedoch nur, wenn das Jahreseinkommen der Familie, die in § 25 des 2. Wohnungsbaugesetzes festgelegten Grenzen nicht überschreitet. Das bedeutet beispielsweise, daß ein Alleinstehender nicht mehr als 1800,– DM im Monat, ein Vierpersonenhaushalt nicht mehr als 3700,– DM monatlich verdienen darf. Eine Überschreitung dieser Grenze um bis zu 5% gilt als unwesentlich, in Zonenrandgebieten um bis zu 25%. Bei der Ermittlung des Gesamteinkommens werden bestimmte Freibeträge nicht angerechnet; maßgebend sind die Wohnungsbauförderungsbestimmungen des betreffenden Bundeslandes. Eine weitere Voraussetzung ist, daß der Modernisierungsaufwand je Wohnung mindestens 3000,– DM beträgt; maximal gefördert werden 25000,– DM pro Wohnung, wobei eine Eigenleistung von mindestens 15% zu erbringen ist. Unter Modernisierung versteht man bauliche Maßnahmen, die den Gebrauchswert der Wohnung nachhaltig erhöhen oder die allgemeinen Wohnverhältnisse auf die Dauer verbessern, z. B. die Verbesserung der sanitären Einrichtungen, Heizung, des Wärmeschutzes usw. Kosten von Instandsetzungsmaßnahmen, z. B. Erneuerung der Dachdeckung, des Außenputzes usw. können bis zu 40% der geförderten Modernisierung, bei denkmalgeschützten Bauten bis zu 60% berücksichtigt werden.
Anträge sind an die Landkreise bzw. kreisfreien Städte zu richten, in deren Gebiet die zu modernisierenden Wohnungen liegen.

3. Förderung des Sozialen Wohnungsbaus

Nach dem 2. Wohnungsbaugesetz können zur Neuschaffung von Wohnraum Mittel aus öffentlichen Haushalten eingesetzt werden. Wohnraum kann auch unter bestimmten Voraussetzungen durch Ausbau von bestehenden Gebäuden neu geschaffen werden, wenn diese bisher nicht oder nur in völlig unzulänglicher Weise zu Wohnzwecken benutzt wurden und der erforderliche Aufwand wesentlich über den einer Modernisierung hinausgeht. Der Soziale Wohnungsbau ist zugunsten der Wohnungsuchenden zu fördern, deren Jahreseinkommen eine bestimmte Höhe nicht überschreitet. Zur Zeit liegen die Höchstbeträge bei einem Alleinstehenden z. B. bei 21 600,– DM, bei einem Wohnungsuchenden mit drei Angehörigen bei 38 100,– DM; Einzelheiten, wie z. B. nicht anzurechnende Freibeträge, ergeben sich aus den Wohnungsbaurichtlinien des jeweiligen Bundeslandes. Für die Größe der zu fördernden Wohnungen sind Grenzen gesetzt, die bei Familienheimen 130 m², bei Mietwohnungen 90 m² betragen, die aber beim Wiederaufbau oder der Wiederherstellung eines Gebäudes, das wegen seiner geschichtlichen, künstlerischen oder städtebaulichen Bedeutung erhalten bleiben soll, überschritten werden dürfen.

Die Förderung erfolgt durch Kapitalsubvention (»Förderung mit öffentlichen Mitteln«) oder im sogenannten 2. Förderungsweg durch Aufwandssubvention (»Förderung mit Aufwendungsdarlehen im Eigentumsprogramm«). Die Einzelheiten ergeben sich aus den Richtlinien des jeweiligen Bundeslandes.

Bei Kapitalsubventionen besteht die Förderung bei Einfamilienheimen und eigengenutzten Eigentumswohnungen aus einem Landesbaudarlehen und verlorenen Aufwendungszuschüssen, bei Mietwohnungen aus einem Wohnungsbaudarlehen.

Die Darlehen werden in einer Höhe gewährt, die die Wohnungen nach Mieten oder Belastungen für breite Schichten der Bevölkerung geeignet machten. Sie dürfen 85% der Gesamtkosten bis zu dem Höchstbetrag nicht überschreiten, der vom zuständigen Minister des Bundeslandes festgesetzt ist. Die Tilgung erfolgt mit 1% jährlich unter Zuwachs der ersparten Zinsen. Beim Landesbaudarlehen für Familienheime und eigengenutzte Eigentumswohnungen sind 4% Zinsen zu zahlen, die zur Erreichung einer tragbaren Belastung auf 0% gesenkt werden können. Die Aufwendungszuschüsse betragen 2,80 DM pro m² Wohnfläche und Monat (bis zur Maximalgröße von 100 m²); sie vermindern sich alle 3 Jahre um 0,40 DM je m² und Monat und enden somit nach 21 Jahren. Das Wohnungsbaudarlehen für Mietwohnungen ist in den ersten drei Jahren seit Tilgungsbeginn zinsfrei und wird dann entsprechend dem stufenweisen Abbau der Aufwendungszuschüsse in gleicher Weise verzinst. Für die Bearbeitung eines Antrags wird eine einmalige Gebühr von 1% des beantragten Darlehens, für die laufende Verwaltung von 0,25% jährlich erhoben.

Die Aufwendungssubvention dient der Verbilligung der Mieten und Lasten. Es wird für die Dauer von 14 Jahren zins- und tilgungsfrei gewährt. Danach ist es in Halbjahresraten mit jährlich 6% zu verzinsen und 2% zuzüglich ersparter Zinsen zu tilgen. Der Zinssatz kann bis auf 0% gesenkt werden, soweit und solange die allgemeine wirtschaftliche Entwicklung oder die Lage auf dem Wohnungsmarkt es erfordern. Das Aufwendungsdarlehen kann in mehreren Förderungsstufen gewährt werden; die Basisförderung liegt zwischen 0,70 DM und 2,80 DM pro m², die erste Steigerungsstufe zwischen 0,80 DM und 3,20 DM pro m², die zweite Steigerungsstufe zwischen 1,00 DM und 4,00 DM pro m², die dritte Steigerungsstufe läßt einen Ballungsgebietszuschlag um bis zu 30% auf die zweite Steigerungsstufe zu. Die Basisförderung ist die Regelförderung; die Mittel der Steigerungsstufen sollen eingesetzt werden, wenn dies zur Erzielung tragbarer Mieten erforderlich ist. In jedem Einzelfall ist zu prüfen, ob damit gerechnet werden kann, daß die Belastung in einem zumutbaren Verhältnis zum Familieneinkommen steht. Eine Belastung von mehr als 40% des Familieneinkommens kann nur bei Vorliegen besonderer Umstände durch die Bewilligungsstelle zugelassen werden. In der Regel sollen die Belastungen zwischen einer Untergrenze von 15% und einer Obergrenze von 35% liegen. Für die Bearbeitung des Antrages auf Gewährung eines Aufwendungsdarlehens wird ein einmaliges Bearbeitungsentgelt von 1% des bewilligten Gesamtdarlehens erhoben.

Anträge sind bei der Verwaltung des Landkreises bzw. der kreisfreien Stadt zu stellen, in deren Gebiet das Gebäude liegt. Dort erhält man auch die erforderlichen Formulare und nähere Auskünfte.

4. Förderung der Dorferneuerung

Ländlich strukturierte Gemeinden und Ortsteile können in Dorferneuerungsprogramme der Länder einbezogen werden. Entsprechende Programme bestehen jedoch noch nicht in allen Bundesländern; Schwerpunkte, Voraussetzungen und Umfang der Förderung ergeben sich aus den jeweiligen Länderprogrammen und Richtlinien zur Erneuerung der Dörfer. Grundsätzlich werden Förderungsmittel nur in anerkannten Förderschwerpunkten eingesetzt.

In der Regel erfahren u. a. folgende private und öffentliche Vorhaben Unterstützung:
- Erhaltung, Gestaltung oder Verbesserung (ehemals) landwirtschaftlicher Bausubstanz mit ortsbildprägendem oder landschaftsbestimmendem Charakter
- Erhaltung, Wiederherstellung und Neuanlage von Bauwerken und sonstigen ortsbildprägenden Bauteilen, die zur Gestaltung des Orts- und Landschaftsbildes beitragen (z. B. Mauern, Brunnen, Treppen, Zäune und milieubildende Bauten)
- Erhaltung ortsbildprägender, landschaftsbestimmender Bäume und Gehölze einschließlich der Sicherung von Grünflächen im Ortsrandbereich.

Zuständig sind die staatlichen Flurbereinigungsbehörden (Kulturamt, Amt für Landwirtschaft und Landentwicklung).

5. Förderung kultureller Maßnahmen im Zonenrandgebiet

Nach dem Zonenrandförderungsgesetz vom 5. 8. 1971 (BGBl. I, S. 1237) und den dazu ergangenen unveröffentlichten Richtlinien des Bundesministers für innerdeutsche Beziehungen fördert der Bund unter anderem Maßnahmen der Denkmalpflege im Zonenrandgebiet; dies gilt auch für die Schaffung bestimmter kultureller Einrichtungen und Kindergärten in historischen Gebäuden. Förderungsberechtigt sind in der Regel nur die öffentlich-rechtlichen Körperschaften, nicht Privatpersonen. Die Landesbeteiligung soll in der Regel mindestens der Höhe der Bundeszuwendungen entsprechen.

Anträge auf Zuwendungen sind über den zuständigen Kultusminister des jeweiligen Bundeslandes (Niedersachsen: Minister für Wissenschaft und Kunst), der die Förderungswürdigkeit und Dringlichkeit prüft, an den Bundesminister für innerdeutsche Beziehungen zu richten.

6. Zuschüsse der Denkmalfachbehörden

Die Bundesländer stellen ihren zentralen Denkmalämtern in sehr unterschiedlicher Höhe Haushaltsmittel zur Finanzierung der Erhaltung von Kulturdenkmälern und Ensembles zur Verfügung. Privaten und öffentlichen Eigentümern werden verlorene Zuschüsse gewährt. Angesichts der im Verhältnis zur Aufgabe geringen Mittel können nur die dringendsten Vorhaben gefördert werden; mit erheblichen Wartezeiten ist zu rechnen.

Gefördert wird die Erhaltung des historischen Bestandes. Die Höhe der Zuschüsse richtet sich u. a. nach der Bedeutung des Denkmals, dem Grad seiner Gefährdung, dem denkmalpflegerischen Mehraufwand und der Leistungsfähigkeit des Eigentümers. Steuerliche Vorteile werden bei der Verteilung der Mittel berücksichtigt. Nicht förderungsfähig ist der von jedem Hauseigentümer üblicherweise zu tragende Erhaltungsaufwand.

Anträge sind frühzeitig, vor Beginn der Maßnahmen, an die Landesdenkmalämter (in Bayern über die Untere Denkmalschutzbehörde) zu richten. Auskünfte erteilen die Unteren Denkmalschutzbehörden (in der Regel die Landkreise bzw. die Träger der Bauaufsicht) und die Landesdenkmalämter.

7. Zuschüsse der Gemeinden und Landkreise

Landkreise, Städte und Gemeinden stellen im Rahmen ihrer Aufgaben als Untere Denkmalschutzbehörde und für die kommunale Ortsbildpflege erhebliche Haushaltsmittel zur Gewährung von verlorenen Zuschüssen zur Unterstützung von Privateigentümern zur Verfügung. Während in der Regel allgemeine Zuschußmittel in den Haushalten ausgewiesen sind, werden in Einzelfällen oft auch Sonderzuschüsse für bestimmte Objekte bereitgestellt.

Die Ausstattung ist regional und örtlich sehr verschieden und spiegelt nicht selten das kulturelle Bewußtsein der verantwortlichen Mandatsträger, die sich oft mit einer nur symbolischen Etatausstattung zufriedengeben, wider. Jeder Bürger hat die Möglichkeit, sich bei den zuständigen Politikern für eine Erhöhung der Haushaltsansätze im Interesse der Arbeitsplatzsicherung des heimischen Handwerkes und der Kulturpflege einzusetzen.

Anträge sind frühzeitig an die zuständigen Kreis- und/oder Gemeindeverwaltungen zu richten.

Steuervorteile

1. Sonderabschreibung von Herstellungs- und Unterhaltungsaufwand im Rahmen der Einkommensteuer

Von besonderer Bedeutung für die Eigentümer von denkmalwerten Bauwerken sind die §§ 82i und k Einkommensteuer-Durchführungsverordnung (EStDV 1981) in der Fassung vom 23. Juni 1982 (BGBl. I, S. 697).
§ 82i EStDV betrifft den sogenannten Herstellungsaufwand. Das ist Aufwand, der wesentlich Neues hervorbringt, zum Beispiel Ausbau bisher nicht oder nur in geringem Umfang genutzter Bausubstanz, grundlegende Modernisierung zur Anpassung an heutige Wohnbedürfnisse etc. § 82k EStDV behandelt dagegen den sogenannten Erhaltungsaufwand. Dieser betrifft die Aufwendungen, die zur ordnungsgemäßen Instandhaltung erforderlich sind und normalerweise regelmäßig wiederkehrend anfallen.
Herstellungsaufwand kann im Jahr der Herstellung und in den neun folgenden Jahren mit jeweils bis zu 10% abgesetzt werden (§ 82i EStDV). Erhaltungsaufwand kann der Steuerpflichtige auf zwei bis fünf Jahre gleichmäßig verteilen und absetzen (§ 82k EStDV).
In beiden Fällen kann also innerhalb eines überschaubaren Zeitraumes volle steuerliche Geltendmachung des gesamten Aufwandes erfolgen. Bei Herstellungsaufwand ist dies eine erhebliche Besserstellung im Vergleich mit dem sonst bei Altbauten üblichen Abschreibungszeitraum von vierzig Jahren. Erhaltungsaufwand, der ansonsten im Jahr der tatsächlichen Leistung abgesetzt werden kann und damit häufig nur teilweise steuersparend wirksam wird, kann durch die Verteilung auf bis zu fünf Jahre so angesetzt werden, daß hieraus eine weit höhere Steuerersparnis resultiert. Eine einschränkende Feststellung betrifft eigengenutzte Einfamilienhäuser: Die Besteuerung nach dem Netto-Mietwert (§ 21a EStG) läßt hier die Geltendmachung des Erhaltungsaufwandes nicht zu. In der Regel dürften allerdings umfangreichere Instandsetzungen bei Baudenkmälern als voll absetzbarer Herstellungsaufwand zu behandeln sein.
Von besonderem Interesse sind die Regelungen nicht zuletzt deshalb, weil sie im Gegensatz zu § 7b EStG nicht auf Einfamilienhäuser, Zweifamilienhäuser und Eigentumswohnungen mit mehr als 66⅔ v. H. Wohnnutzung beschränkt sind. Auch können sie vom Steuerpflichtigen für mehrere Objekte gleichzeitig oder nacheinander in Anspruch genommen werden. Schließlich bestehen bezüglich der Herstellungskosten sowie des Umfanges der Maßnahmen keine absoluten Begrenzungen. Es können auch Objekte einbezogen werden, die zu einem Betriebsvermögen gehören. Auch eine zeitliche Begrenzung der Regelung besteht, anders als bei den Vergünstigungen für Wohnungsmodernisierungen, Wärme- und Lärmschutzmaßnahmen (§ 82a EStDV) und als bei Sonderregelungen für Modernisierungs- und Instandsetzungsmaßnahmen an Gebäuden in förmlich festgelegten Sanierungsgebieten oder städtebaulichen Entwicklungsbereichen (§§ 82g und 82h EStDV) nicht.
Bei Baudenkmälern können alle Maßnahmen, die zur Erhaltung des Gebäudes als Baudenkmal und zu seiner sinnvollen Nutzung erforderlich sind, abgesetzt werden. Berücksichtigungsfähig sind damit nicht nur Kosten zur Erhaltung und Sicherung von besonders denkmalwerten Teilen des Baudenkmales, sondern alle für die Erhaltung und Nutzung des Gebäudes anfallenden Aufwendungen (auch Innenausbau und technische Einrichtungen). Sinnvoll ist eine Nutzung, wenn sie eine möglichst weitgehende Erhaltung der Substanz auf Dauer gewährleistet, also denkmalpflegerisch vertretbar und wünschenswert ist. Luxusaufwendungen, die nicht durch die Eigenart des Baudenkmales zwingend gefordert sind, werden nicht anerkannt.
Bei schutzwürdigen Teilen von Gesamtanlagen können die erhöhten Absetzungen nur für die Aufwendungen vorgenommen werden, die nach Art und Umfang zur Erhaltung des schutzenswerten Erscheinungsbildes der Gesamtanlage erforderlich sind. In der Regel bedeutet dies, daß der Innenausbau mit Ausnahme der Fenster und Außentüren nicht berücksichtigt werden kann. Bei Neubauten im Bereich von Gesamtanlagen ist eine erhöhte Absetzung gemäß §§ 82i und k EStDV nicht möglich.
Voraussetzung für die Inanspruchnahme der Vergünstigungen ist, daß
– das Gebäude oder der Gebäudeteil Baudenkmal oder historischer Teil einer Gesamtanlage ist und dem Denkmalschutz unterliegt,
– die Maßnahme bei Baudenkmälern nach Art und Umfang zur Erhaltung und zu ihrer sinnvollen Nutzung bei Gesamtanlagen nach Art und Umfang zur Erhaltung des schutzenswerten Erscheinungsbildes erforderlich sind,

– die Maßnahme rechtzeitig vor Beginn mit der zuständigen Behörde (in Nordrhein-Westfalen die Stadt- oder Gemeindeverwaltung, in allen anderen Ländern die Denkmalfachbehörden – Landesämter für Denkmalpflege) abgestimmt und entsprechend ausgeführt werden,
– die zuständige Behörde diese Voraussetzungen sowie die genau anzugebenden Kosten hierfür bestätigt.
Die »Bescheinigungsbehörde« hat nur darüber zu entscheiden, ob das Gebäude oder der Gebäudeteil Baudenkmal oder Teil einer Gesamtanlage ist, ob die beabsichtigten und durchgeführten Arbeiten denkmalpflegerisch unbedenklich sind und die Nutzung sowie die Erhaltung der schützenswerten Substanz des Gebäudes auf Dauer gewährleistet. Ob im Einzelfall die Arbeiten als »Herstellen« oder »Erhalten« im steuerrechtlichen Sinn anzusehen sind und ob die übrigen steuerrechtlichen Voraussetzungen gegeben sind, prüft und entscheidet das zuständige Finanzamt. Über steuerrechtliche Einzelheiten informieren das zuständige Finanzamt sowie die Angehörigen der steuerberatenden Berufe.

2. Anwendung des § 33 Einkommensteuergesetz auf Aufwendungen zur Erhaltung schutzwürdiger Kulturwerte

Nach § 33 des Einkommensteuergesetzes in der Fassung vom 5. 9. 1974 (Bundesgesetzbl. I, S. 2165) können Steuerpflichtige, denen zwangsläufig größere Aufwendungen als der überwiegenden Mehrzahl der Steuerpflichtigen gleicher Einkommensverhältnisse, gleicher Vermögensverhältnisse und gleichem Familienstand erwachsen, diese nach Abzug einer zumutbaren Eigenbelastung vom Gesamtbetrag der zu versteuernden Einkünfte abziehen. Die zumutbare Eigenbelastung schwankt je nach Einkommenshöhe und Familienstand zwischen mindestens 1 und maximal 8% der Einkünfte. Sie kann jedoch unter bestimmten Bedingungen bei notwendigen Aufwendungen zur Erhaltung schutzwürdiger Kulturwerte herabgesetzt werden. Maßgebend sind die Durchführungsrichtlinien der Länderfinanzminister.
Danach können Aufwendungen zur Erhaltung schutzwürdiger Kulturwerte (Gebäude, Anlagen, Mobiliar, Kunstgegenstände) als außergewöhnliche Belastungen im Sinne des § 33 EStG anerkannt werden, wenn sie die erzielten Einnahmen übersteigen, weder Betriebsausgaben noch Werbungskosten sind und folgende Voraussetzungen erfüllt sind:
1. Die Erhaltung der Kulturwerte muß wegen ihrer Bedeutung für Kunst, Geschichte oder Wissenschaft im öffentlichen Interesse liegen.
2. Die Kulturwerte müssen in einem den Verhältnissen entsprechenden Umfang den Zwecken der Forschung oder der Volksbildung nutzbar gemacht werden, es sei denn, daß dies aus zwingenden Gründen nicht möglich ist.
3. Der Steuerpflichtige muß bereit sein, die Kulturwerte den geltenden Bestimmungen der Denkmals- und Archivpflege zu unterstellen.
4. Die beweglichen Kulturwerte müssen sich seit mindestens 20 Jahren im Besitz der Familie des Steuerpflichtigen befinden oder in das »Verzeichnis national wertvollen Kulturgutes« bzw. in das »Verzeichnis national wertvoller Archive« (§ 1 Abs. 3, § 10 Abs. 3 des Gesetzes zum Schutze deutschen Kulturgutes gegen Abwanderung vom 6. 8. 1955 – Bundesgesetzbl. I, S. 501) eingetragen sein. Für unbewegliche Kulturwerte (Baudenkmäler) muß durch eine Bestätigung der zuständigen Denkmalschutzbehörde nachgewiesen werden, daß das Baudenkmal dem Denkmalschutz unterliegt.
5. Die Erhaltungsaufwendungen müssen im Einvernehmen mit den zuständigen staatlichen Stellen gemacht werden.
6. Der Nachweis, daß die Voraussetzungen der Ziffern 1 bis 5 vorliegen und daß die Erhaltungsaufwendungen notwendig sind, ist durch eine gutachtliche Bestätigung der zuständigen staatlichen Stellen zu führen.
Soweit ausnahmsweise die Anwendung des § 33 EStG wegen der Höhe der zumutbaren Eigenbelastung (§ 64 EStDV), die auf die berücksichtigungsfähigen Erhaltungsaufwendungen anzurechnen ist, nicht zu einer angemessenen Steuerermäßigung führt, kann darin nach den Verhältnissen des Einzelfalls eine unbillige Härte liegen.
Diese kann sich insbesondere aus dem Umstand ergeben, daß die öffentliche Denkmals- oder Archivpflege dem Steuerpflichtigen eine Pflicht zur Erhaltung der Kulturwerte auferlegt, die sich wie eine öffentliche Last auswirkt. In solchen Härtefällen kann durch eine Billigkeitsmaßnahme nach § 131 Abs. 1 Satz 2 AO geholfen werden, indem die zumutbare Eigenbelastung entsprechend herabgesetzt wird.

→

3. Berücksichtigung bei der Vermögenssteuer

Nach den §§ 115 und 118 des Bewertungsgesetzes in der Fassung vom 26. 9. 1974 (Bundesgesetzbl. I, S. 2369) kann Grundbesitz oder Teile davon ganz oder teilweise unberücksichtigt bleiben. Im Einzelnen gilt:

§ 115 Gegenstände, deren Erhaltung im öffentlichen Interesse liegt

(1) Grundbesitz oder Teile von Grundbesitz und solche beweglichen Gegenstände, die zum sonstigen Vermögen gehören, sind mit 40 v. H. des Wertes anzusetzen, wenn ihre Erhaltung wegen ihrer Bedeutung für Kunst, Geschichte oder Wissenschaft im öffentlichen Interesse liegt.

(2) Grundbesitz oder Teile von Grundbesitz, Kunstgegenstände, Kunstsammlungen, wissenschaftliche Sammlungen, Bibliotheken und Archive werden nicht angesetzt, wenn folgende Voraussetzungen erfüllt sind:

1. Die Erhaltung der Gegenstände muß wegen ihrer Bedeutung für Kunst, Geschichte oder Wissenschaft im öffentlichen Interesse liegen.
2. Die Gegenstände müssen in einem den Verhältnissen entsprechenden Umfang den Zweck der Forschung oder der Volksbildung nutzbar gemacht werden;
3. Der Steuerpflichtige muß bereit sein, die Gegenstände den geltenden Bestimmungen der Denkmalpflege zu unterstellen;
4. Die Gegenstände müssen sich seit mindestens 20 Jahren im Besitz der Familie befinden oder in das Verzeichnis national wertvollen Kulturgutes oder national wertvoller Archive nach dem Gesetz zum Schutz deutschen Kulturgutes gegen Abwanderung vom 6. 8. 1955 (Bundesgesetzbl. I, S. 501) eingetragen sein.

(4) Die Absätze 1 bis 3 gelten nur dann, wenn die jährlichen Kosten in der Regel die erzielten Einnahmen übersteigen.

4. Berücksichtigung bei der Erbschafts- und Schenkungssteuer

Nach § 13 (1) des Erbschaftssteuer- und Schenkungssteuergesetzes vom 17. 4. 1974 (Bundesgesetzbl. I, S. 933) bleiben steuerfrei:

Grundbesitz oder Teile von Grundbesitz, Kunstgegenstände, Kunstsammlungen, wissenschaftliche Sammlungen, Bibliotheken und Archive

a) mit 60 v. H. ihres Wertes, wenn die Erhaltung dieser Gegenstände wegen ihrer Bedeutung für Kunst, Geschichte oder Wissenschaft im öffentlichen Interesse liegt, die jährlichen Kosten in der Regel die erzielten Einnahmen übersteigen und die Gegenstände in einem den Verhältnissen entsprechenden Umfang den Zwecken der Forschung oder der Volksbildung nutzbar gemacht sind oder werden,

b) in vollem Umfang, wenn die Voraussetzungen des Buchstabens a erfüllt sind und ferner

aa) der Steuerpflichtige bereit ist, die Gegenstände den geltenden Bestimmungen der Denkmalpflege zu unterstellen,

bb) die Gegenstände sich seit mindestens 20 Jahren im Besitz der Familie befinden oder in dem Verzeichnis national wertvollen Kulturgutes oder national wertvoller Archive nach dem Gesetz zum Schutz deutschen Kulturgutes gegen Abwanderung vom 6. 8. 1955 (Bundesgesetzbl. I, S. 501) eingetragen sind.

Die Steuerbefreiung fällt mit Wirkung für die Vergangenheit weg, wenn die Gegenstände innerhalb von zehn Jahren nach dem Erwerb veräußert werden oder die Voraussetzungen für die Steuerbefreiung innerhalb dieses Zeitraumes entfallen.

5. Erlaß der Grundsteuer

Nach § 32 des Grundsteuergesetzes vom 7. 8. 1973 (Bundesgesetzbl. I, S. 965) ist die Grundsteuer zu erlassen:

1. für Grundbesitz oder Teile von Grundbesitz, dessen Erhaltung wegen seiner Bedeutung für Kunst, Geschichte, Wissenschaft oder Naturschutz im öffentlichen Interesse liegt, wenn die erzielten Einnahmen und die sonstigen Vorteile (Rohertrag) in der Regel unter den jährlichen Kosten liegen. Bei Park- und Gartenanlagen von geschichtlichem Wert ist der Erlaß von der weiteren Voraussetzung abhängig, daß sie in dem billigerweise zu fordernden Umfang der Öffentlichkeit zugänglich gemacht sind;
2. für öffentliche Grünanlagen, Spiel- und Sportplätze, wenn die jährlichen Kosten in der Regel den Rohertrag übersteigen.

Ist der Rohertrag für Grundbesitz, in dessen Gebäude Gegenstände von wissenschaftlicher, künstlerischer oder geschichtlicher Bedeutung, insbesondere Sammlungen oder Bibliotheken, dem Zweck der Forschung oder Volksbildung nutzbar gemacht sind, so ist von der Grundsteuer der Hundertsatz zu erlassen, um den der Rohertrag gemindert ist. Das gilt nur, wenn die wissenschaftliche, künstlerische oder geschichtliche Bedeutung der untergebrachten Gegenstände durch die Landesregierung oder die von ihr beauftragte Stelle anerkannt ist.

Die Grundsteuer wird nur auf Antrag erlassen, der bis spätestens 31. März des folgenden Jahres mit Nachweisen bei der zuständigen Gemeindeverwaltung einzureichen ist.

6. Grunderwerbsteuer

Nachdem seit dem 1. 1. 1983 geltenden bundeseinheitlichen Grunderwerbsteuerrecht besteht ein einheitlicher Steuersatz von 2% des Kaufpreises für alle Liegenschaften. Früher aufgrund verschiedener landesrechtlicher Sonderregelungen mögliche Grunderwerbsteuerbefreiungen bei Erwerb und Sanierung von Kulturdenkmälern bestehen *nicht* mehr.

Rechtliche Hinweise zu einer erhaltungsfreundlichen Ortsentwicklung

1. Die Verantwortung der Gemeinde

Das *Bundesbaugesetz* überträgt den Gemeinden mit seinen Planungs- und Bodenordnungshandhaben eine umfassende Verantwortung zur räumlichen Ordnung und Gestaltung des Gemeindegebietes. Hinzu kommen die Ermächtigungen aus der *Landesbauordnung*, gemeindliche Satzungen bzw. örtliche Bauvorschriften über die äußere Gestaltung baulicher Anlagen und von Werbeanlagen und – in Altbaubereichen – über geringere Maße für Gebäude- und Grenzabstände, als sie sonst allgemein vorgeschrieben sind, zu erlassen, es sei denn, daß die Landesbauordnung Abweichungen von den Abstandsvorschriften in besonderen Fällen durch Ausnahmebewilligungen im Rahmen der Baugenehmigung regelt. Ebenso überträgt das *Städtebauförderungsgesetz*, ein Sondergesetz für städtebauliche Sanierungs- und Entwicklungsmaßnahmen, die zügig durchgeführt werden sollen, die maßgebenden Initiativen und Maßnahmen den Gemeinden. Sie sind auch eingeschaltet in den Vollzug des *Zweiten Wohnungsbaugesetzes*, des *Wohnungsmodernisierungsgesetzes*, des *Gesetzes zur Erhaltung kulturhistorisch wertvoller Gebäude*, des *Flurbereinigungsgesetzes* zur Verbesserung der Agrarstruktur sowie des *Denkmalschutzrechtes*, da sich hieraus einerseits Bindungen, andererseits Förderungsmöglichkeiten für die Beteiligten ergeben.

Die nach dem Bundesbaugesetz den Gemeinden obliegende *Bauleitplanung* (Flächennutzungsplan als vorbereitender Bauleitplan für das ganze Gemeindegebiet mit Darstellung der aus der beabsichtigten städtebaulichen Entwicklung sich ergebenden Art der Bodennutzung, Bebauungspläne als verbindliche Bauleitpläne mit Festsetzungen für die städtebauliche Ordnung) hat die Aufgabe, die bauliche und sonstige Nutzung der Grundstücke in der Gemeinde vorzubereiten und zu leiten mit dem Ziel einer geordneten städtebaulichen Entwicklung und einer dem Wohl der Allgemeinheit entsprechenden sozialgerechten, eine menschenwürdige Umwelt sichernden Bodennutzung. Für eine erhaltungsfreundliche Ortsentwicklung sind unter den in § 1 Abs. 6 des Bundesbaugesetzes beispielhaft aufgezählten *Leitsätzen*, die bei der Aufstellung der Bauleitpläne zu beachten sind, hervorzuheben die Berücksichtigung der sozialen und kulturellen Bedürfnisse der Bevölkerung, die Eigentumsbildung weiter Kreise der Bevölkerung, die Berücksichtigung der erhaltenswerten Ortsteile, Bauten, Straßen und Plätze von geschichtlicher, künstlerischer oder städtebaulicher Bedeutung, die Berücksichtigung der Gestaltung des Orts- und Landschaftsbildes und der Belange des Naturschutzes und der Landschaftspflege.

2. Flächennutzungsplan

Durch den Flächennutzungsplan (§ 5 BBauG) wird u. a. die gerade in ländlichen Gemeinden sehr wichtige Frage geklärt, welche Aufgaben die einzelnen Ortsteile im Rahmen des Gemeinwesens künftig zu erfüllen haben, wo städtebauliche Infrastrukturmaßnahmen anzusetzen sind, ob, inwieweit und in welchen Bereichen noch Ortserweiterungen in Betracht kommen, wo Sanierungsaufgaben anstehen und Erhaltungsmaßnahmen vorzusehen sind und wo aus Gründen des Denkmalschutzes und der Landschaftspflege durch entsprechende Bodennutzungsdarstellungen, Kenntlichmachungen, nachrichtliche Übernahmen oder Vermerke Vorsorge getroffen werden muß.

3. Steuerung der Bebauung über § 34 BBauG

Ist mit dem Flächennutzungsplan die allgemeine Zielrichtung für die städtebauliche Entwicklung der Gemeinde umrissen und in den Grundzügen dargestellt, so ist von den Gemeinden zu prüfen, für welche Ortsteile es verantwortet werden kann, auf Bebauungspläne zu verzichten und Bauvorhaben über § 34 BBauG (Zulässigkeit von Vorhaben innerhalb der im Zusammenhang bebauten Ortsteile) zu steuern, hierzu ggf. seitens der Gemeinde eine Satzung über die Abgrenzung der im Zusammenhang bebauten Ortsteile zu erlassen (§ 34 Abs. 2 BBauG). In diesen »unverplanten« Bereichen sind Vorhaben zulässig, wenn sie sich nach Art und Maß der baulichen Nutzung, Bauweise und der Grundstücksfläche, die überbaut werden soll, in die Eigenart der näheren Umgebung unter Berücksichtigung der für die Landschaft charakteristischen Siedlungsstruktur einfügen, die Erschließung gesichert ist, sonstige öffentliche Belange nicht entgegenstehen, insbesondere die Anforderungen an gesunde Wohn- und Arbeitsverhältnisse gewahrt bleiben und das Ortsbild nicht beeinträchtigt wird (§ 34 Abs. 1 BBauG). Zuständig für Genehmigung von Vorhaben ist die Bauaufsichtsbehörde.

4. Gestaltungssatzungen

Sind noch qualitativ wertvolle Baubereiche vorhanden oder bedürfen bestimmte Bereiche der Gemeinde der gezielten gestalterischen Beeinflussung – z. B. um eine angemessene Umgebung für Kulturdenkmäler und Ensembles zu erhalten oder zu gestalten –, so ist den Gemeinden dringend anzuraten, von der Ermächtigung der Landesbauordnung Gebrauch zu machen, Ortsgestaltungssatzungen (örtliche Bauvorschriften) zu erlassen. In Verbindung mit der Handhabung des § 34 BBauG und der Anwendung der denkmalschutzrechtlichen Vorschriften kann damit, trotz Verzicht auf einen Bebauungsplan, die bauliche Entwicklung im Sinne einer erhaltungsfreundlichen und der Eigenart des Ortsbildes angepaßten Weise stärker beeinflußt werden.

Gestaltungssatzungen befassen sich mit der äußeren Gestaltung baulicher Anlagen sowie mit Werbeanlagen und Warenautomaten zur Durchführung gestalterischer Absichten in bestimmten, genau abgegrenzten bebauten oder unbebauten Teilen des Gemeindegebietes. Es können auch Satzungen erlassen werden über besondere Anforderungen an bauliche Anlagen, Werbeanlagen und Warenautomaten zum Schutz bestimmter Bauten, Straßen, Plätze oder Ortsteile von geschichtlicher, künstlerischer oder städtebaulicher Bedeutung sowie von Bau- und Naturdenkmälern.

Gestaltungssatzungen sind primär nicht ein Instrument des Denkmalschutzes, d. h. der Erhaltung, sondern ein Instrument zur Gestaltung. Sie ergänzen und unterstützen die Absichten des Denkmalschutzes, können diesen aber nicht ersetzen. Die Hauptaufgabe der Gestaltungssatzungen dürfte darin liegen, den Kulturdenkmälern und Ensembles eine angemessene Umgebung zu sichern. Gestaltungssatzungen können gewährleisten, daß viele ortsbildwirksame Maßnahmen, die nach den Landesbauordnungen nicht genehmigungspflichtig sind, einer Genehmigungspflicht und damit einer öffentlich-rechtlichen Kontrolle unterworfen werden.

5. Bebauungspläne

Wo Ortserweiterungen oder innere Ortsumgestaltungen und Sanierungsmaßnahmen vorgenommen werden sollen, ist die Aufstellung von Bebauungsplänen unumgänglich, um Fehlentwicklungen und unwirtschaftliche Lösungen zu vermeiden. Der in § 9 Abs. 1 BBauG enthaltene Festsetzungskatalog in Verbindung mit Regelungen für die verschiedenen Baugebietsarten nach der Baunutzungsverordnung, erforderlichenfalls ergänzt durch die Aufnahme von Gestaltungsauflagen aufgrund der Landesbauordnung (vgl. Ziff. 4) ermöglicht, differenzierte und qualifizierte Planungen zu verfassen. Darüber hinaus hat die Gemeinde unter bestimmten Voraussetzungen das Recht, ein Erhaltungsgebot (§ 39 h BBauG), ein Bau- und Pflanzgebot (§ 39 b BBauG), ein Nutzungsgebot – ausgenommen bauliche Anlagen für land- oder forstwirtschaftliche Nutzung – (§ 39 c BBauG) und ein Abbruchgebot (§ 39 d BBauG) zu erlassen sowie ein Modernisierungs- und Instandsetzungsgebot (§ 39 e BBauG) anzuordnen. Gebote und Verbote sind freilich Maßnahmen, die man nur im Extremfall treffen wird, wenn anders dem Gemeinwohl und der Ortsverbesserung schwerer Nachteil erwachsen würde. Das BBauG schreibt daher vor, daß die Gemeinde vor Geboten nach §§ 39 b bis 39 e die Maßnahmen mit den Betroffenen zu erörtern und sie hinsichtlich ihrer Mitwirkungsmöglichkeiten zu beraten hat (§ 39 a Abs. 1 BBauG). Die Anordnung von Maßnahmen nach §§ 39 b bis 39 e setzt voraus, daß die alsbaldige Durchführung aus städtebaulichen Gründen erforderlich ist (§ 39 a Abs. 2 BBauG). Gezielter Einsatz von Förderungsmöglichkeiten nach dem Wohnungsgesetz, Wohnungsmodernisierungsgesetz oder zur Agrarstrukturverbesserung, im Rahmen der Flurbereinigung, von sonstigen Förderungsmaßnahmen (z. B. aufgrund des Erhaltungsgesetzes für kulturhistorisch wertvolle Gebäude oder des Landes-Denkmalschutzgesetzes) können im Bündelungseffekt solche Gebote und Verbote überflüssig machen, weil Vereinbarungen mit den Betroffenen ohnehin zustandekommen.

6. Bauen im Außenbereich, § 35 BBauG

Für den sog. »Außenbereich« der Gemeinde, d. h. in den Gebieten, die außerhalb der im Zusammenhang bebauten Ortsteile (§ 34 BBauG) oder außerhalb der Geltungsbereiche rechtskräftiger Bebauungspläne (§ 30 BBauG) liegen, wird das Bauen durch den § 35 BBauG geregelt. Hiernach soll eine Zersiedlung und Beeinträchtigung der Landschaft vermieden, andererseits dort vorhandene baukulturelle Substanz einer sinnvollen Nutzung erhalten werden. Zuständig für Entscheidungen ist die Bauaufsichtsbehörde. Gegenüber den in § 35 Abs. 3 aufgezählten öffentlichen Belangen, die einem Vorhaben im Außenbereich entgegenstehen, gilt bei privilegierten und nicht privilegierten Vorhaben eine unterschiedliche Bewertung. So ist die Errichtung von Altenteilerwohnungen, die Errichtung von Ersatzbauten, aber auch die Änderung oder Umwidmung von erhaltenswerten, das Bild der Kulturlandschaft prägenden Gebäuden grundsätzlich zulässig. Auch die Erweiterung von Bauten zum Zwecke der Fremdenbeherbergung ist in begrenztem Maße möglich.

7. Denkmalschutz

Denkmalschutz ist eine gemeinsame Aufgabe von Staat und Gemeinden. Wenn die Ausführung der Denkmalschutzgesetze auch überwiegend – mit Ausnahme von Nordrhein-Westfalen – Sache staatlicher Behörden ist, so haben die Gemeinden doch weitgehende Möglichkeiten der Einwirkung. Die Gemeinde kann die Unterschutzstellung von Kulturdenkmälern und Gesamtanlagen bei den zuständigen Denkmalschutzverwaltungen anregen oder beantragen (in Nordrhein-Westfalen selbst durchführen). Sie kann darüber hinaus im Einvernehmen mit der Denkmalschutzbehörde Richtlinien zur denkmalpflegerischen Behandlung historischer Gebäude und ihrer Umgebung im Ortsbereich entwickeln und damit einen Beitrag zur Konkretisierung denkmalschutzrechtlicher Anforderungen und zur Beschleunigung der denkmalschutzrechtlichen Genehmigungsverfahren leisten.

8. Veraltete Planungen

In vielen Gemeinden bestehen alte Bauleitpläne, deren Inhalte mit neueren Zielvorstellungen zur Ortsbild- und Denkmalpflege nicht in Einklang gebracht werden können. Oft werden Anforderungen älterer Bauleitpläne durch Forderungen der jüngeren Denkmalschutzgesetze überlagert.
Gemeinden und Bauaufsichtsämter sind in diesen Fällen aufgefordert zu prüfen, ob die entsprechenden Bauleitpläne nicht aufgrund abweichender tatsächlicher und rechtlicher Entwicklung gewohnheitsrechtlich außer Kraft getreten sind. Darüber hinaus ist gemäß § 29 Satz 5 BBauG zu beurteilen, ob die öffentlich-rechtlichen Anforderungen jüngerer Denkmalschutzgesetze und anderer Vorschriften im Einzelfall eine volle Ausnutzung der Festsetzungen der Bebauungspläne zulassen oder eine Einschränkung gebieten. Schließlich sollten die Gemeinden bedenken, ob nicht eine Aufhebung und/oder tiefgreifende Änderung alter Bauleitpläne erwogen werden muß. § 44 Abs. 3 BBauG sichert die Gemeinde vor unkalkulierbaren Entschädigungsfolgen.

Möglichkeiten für eine erhaltungsfreundliche Ortsentwicklung
Hinweise für die Gemeinden und Denkmalschutzbehörden

Die Bewahrung erhaltenswerter Ortsteile und die Beachtung des Denkmalschutzes sind wichtige städtebauliche Aufgaben unserer Zeit. Sie können gelöst werden, wenn die Gemeinde als verantwortlicher Träger der Planungshoheit stärker als bisher auch die Erhaltung historischer Bausubstanz in die Planung einbezieht und die bestehenden Möglichkeiten zur Sicherung dieser Substanz in der Bauleitplanung und durch den Erlaß örtlicher Bauvorschriften nutzt. In die Abwägung gemäß § 1 Abs. 7 BBauG hat die Gemeinde bei der Bauleitplanung auch das Erhaltungsziel mit einzubeziehen.

1. Gebäude und Ortsteile von historischem Wert können auf Dauer nur dann erhalten werden, wenn neben dem Bestand auch die zweckentsprechende Nutzung gesichert oder wenn die Substanz einer solchen Nutzung zugeführt werden kann.
Vor der Ausweisung und Erschließung neuer Baugebiete sollte daher zunächst geprüft werden, ob historisch bebaute Ortsteile noch Nutzungsreserven bieten, die vorrangig im Interesse der Erhaltung der Substanz auszuschöpfen sind.
Die Gemeinde trifft die Entscheidung über die Erhaltung und Nutzung der Gebäude und Ortsteile in der Bauleitplanung. Nach § 1 Abs. 6 BBauG hat sie bei der Aufstellung der Pläne u. a. insbesondere die erhaltenswerten Ortsteile, Bauten, Straßen und Plätze von geschichtlicher, künstlerischer und städtebaulicher Bedeutung zu berücksichtigen. Dabei sind die privaten und öffentlichen Belange gegeneinander und untereinander gerecht abzuwägen.

2. Die Gemeinde kann nach § 39 h BBauG im Bebauungsplan oder durch eine sonstige Satzung Gebiete bezeichnen, in denen die Genehmigung für den Abbruch, den Umbau oder die Änderung von baulichen Anlagen versagt werden kann, weil sie das Ortsbild, die Stadtgestalt oder das Landschaftsbild prägen oder weil sie von städtebaulicher, insbesondere geschichtlicher oder künstlerischer Bedeutung sind. Die Gemeinde kann hierdurch erhaltenswerte Bausubstanz auch planungsrechtlich vor dem Abbruch schützen. Sie kann zur Sicherung von städtebaulichen Erhaltungszielen von ihrem besonderen Vorkaufsrecht an bebauten Grundstücken Gebrauch machen (§ 24 a BBauG). Nach § 85 Abs. 1 Nr. 5 BBauG kann auch enteignet werden, um Gebäude aus den in § 39 h Abs. 3 und 4 BBauG bezeichneten Gründen zu erhalten. Der Einsatz dieser Rechtsinstrumente ist immer dann sinnvoll, wenn für Kulturdenkmäler und Ensembles, die dem Denkmalschutz unterliegen, eine angemessene Umgebung erhalten und gestaltet werden soll.

3. Die staatliche Denkmalschutzbehörde hat als Träger öffentlicher Belange gem. § 2 Abs. 5 BBauG und als Fachbehörde die Aufgabe, der Gemeinde im Rahmen ihrer Planungen in Bereichen mit historischer Bausubstanz Entscheidungshilfen zu geben und das öffentliche Interesse an der Erhaltung historischer Gebäude und Ortsteile zu konkretisieren. Sie bringt das Fachwissen, die speziellen Belange des Denkmalschutzes und der Denkmalpflege sowie die überörtlichen Interessen an der Erhaltung in die Planung ein.

4. Voraussetzung für die sachgerechte Bewertung und planungsrechtliche Sicherung historischer Bausubstanz ist eine enge und verständnisvolle Zusammenarbeit zwischen Planer, staatlicher Denkmalschutzbehörde und Gemeinde. Dabei sollte die Denkmalschutzbehörde die Gemeinde nicht als Adressaten von Verboten und Veränderungssperren, sondern als verantwortlich abwägenden Träger der Aufgabe sehen.

5. Die Zusammenarbeit zwischen Planer, Denkmalschutzbehörde und Gemeinde muß schon frühzeitig, nämlich schon bei der Bestandsaufnahme und Bewertung des Zustands, die Grundlagen für die Planung sind, einsetzen.

6. Die Gemeinde sollte bereits bei der Aufstellung des Flächennutzungsplanes (§ 5 BBauG), in dem die Verteilung der Nutzungen in der Gemeinde in den Grundzügen bestimmt wird, das Ziel und die Möglichkeit der Erhaltung historischer Bausubstanz mit in Betracht ziehen. Sie sollte auch hier schon die Erhaltungsgebiete bezeichnen und die besondere Art sowie das allgemeine Maß der baulichen und sonstigen Nutzung für das Gemeindegebiet in den Grundzügen, gegebenenfalls auch die Begrenzung der Höhe baulicher Anlagen so darstellen, daß dem Erhaltungsziel gebührend Rechnung getragen ist. Die Gemeinde sollte darüber hinaus bedenken, daß die Wirtschaftskraft begrenzt ist und jede Ausweisung von Neubaugebieten die Kräfte zur Erhaltung und Nutzung historischer Bauten mindern kann.

7. Die aus dem Flächennutzungsplan zu entwickelnden Bebauungspläne bieten im einzelnen konkrete und verbindliche Möglichkeiten, die historische Bausubstanz in einem Gebiet unmittelbar zu sichern:

— Festsetzung einer die Erhaltung fördernden Art der Nutzung (§ 9 Abs. 1 Nr. 1 BBauG in Verbindung mit § 1 BauNVO), gegebenenfalls auch differenzierte Nutzungsfestsetzungen innerhalb des Gebietes gem. § 1 Abs. 4—9 BauNVO,

— Festsetzung des Maßes der Nutzung im Einklang mit dem historischen Bestand (§ 9 Abs. 1 Nr. 1, § 17 BauNVO),

— Festsetzung der zulässigen Geschoßzahl, je nach Erfordernis als zwingend, als Höchstgrenze oder als Mindestgrenze (§ 17 Abs. 4 BauNVO),

— Festsetzung der Höhe baulicher Anlagen, je nach Erfordernis als zwingend, als Höchstgrenze oder als Mindestgrenze (§ 16 Abs. 3 BauNVO),

— Festsetzung der Bauweise als offene oder geschlossene (§ 9 Abs. 1 Nr. 2 BBauG, § 22 BauNVO),

— Festsetzung von Grenz- und Gebäudeabständen abweichend von den Bauordnungen nach Maßgabe landesrechtlicher Ermächtigung (§ 9 Abs. 4 BBauG),

— Festsetzung der überbaubaren und der nicht überbaubaren Grundstücksflächen, insbesondere durch Baulinien, Baugrenzen und Bebauungstiefe (§ 9 Abs. 1 Nr. 2 BBauG, § 23 BauNVO),

— Festsetzungen über die Stellung der baulichen Anlagen (§ 9 Abs. 1 Nr. 2 BBauG),

— Festsetzungen über das Anpflanzen von Bäumen und Sträuchern sowie Bindungen für Bepflanzungen und für die Erhaltung von Bäumen, Sträuchern und Gewässern (§ 9 Abs. 1 Nr. 25 BBauG).

8. Im Baugenehmigungsverfahren können die Errichtung, Änderung, Nutzungsänderung und Erweiterung baulicher und sonstiger Anlagen im Einzelfall untersagt werden, die zwar generell den Festsetzungen des Bebauungsplanes, z. B. über Nutzungsart und -maß, entsprechen, aber nach Anzahl, Lage, Umfang oder Zweckbestimmung der Eigenart des Gebietes widersprechen (§ 15 BauNVO).

9. Innerhalb der im Zusammenhang bebauten historischen Ortsteile, für die kein Bebauungsplan besteht, sind Bauvorhaben, bauliche Veränderungen oder Nutzungsänderungen nur zulässig, wenn sie sich nach Art und Maß der baulichen Nutzung, Bauweise und der Grundstücksfläche, die überbaut werden soll, in die Eigenart der näheren Umgebung unter Berücksichtigung der für die Landschaft charakteristischen Siedlungsstruktur einfügen (§ 34 Abs. 1 BBauG).

10. Das Modernisierungs- und Instandsetzungsgebot nach § 39 e BBauG ermöglicht die planungsrechtliche Durchsetzung von Erhaltungsabsichten. In dem Bescheid über den Erlaß des Instandsetzungsgebotes sind die auch aus Gründen des Denkmalschutzes gebotenen Instandsetzungsmaßnahmen besonders zu bezeichnen.

11. Bei städtebaulichen Sanierungsmaßnahmen ist den Erfordernissen des Denkmalschutzes und der Erhaltung besonderes Gewicht beizumessen. Bei der Aufstellung von Bebauungsplänen für förmlich festgelegte Sanierungsgebiete ist gem. § 10 Abs. 1 StBauFG im Rahmen des § 1 Abs. 6 BBauG auf die Erhaltung von Bauten, Straßen, Plätzen oder Ortsteilen von geschichtlicher, künstlerischer oder städtebaulicher Bedeutung Rücksicht zu nehmen. In dem Bebauungsplan sind die Gebäude und sonstigen baulichen Anlagen kenntlich zu machen, die bei der Durchführung der Sanierung ganz oder teilweise erhalten bleiben sollen.

12. Auch durch örtliche Bauvorschriften (Gemeindeverordnungen) können die Gemeinden dem Erhaltungsgedanken zur Wirkung verhelfen. Sie können nach Maßgabe der Länderbauordnungen örtliche Bauvorschriften erlassen über besondere Anforderungen an bauliche Anlagen und Werbeanlagen, soweit das zum Schutz bestimmter Bauten, Straßen, Plätze oder Ortsteile von geschichtlicher, künstlerischer oder städtebaulicher Bedeutung oder zum Schutz von Bau- und Naturdenkmalen erforderlich ist. Von diesen Möglichkeiten sollten die Gemeinden vermehrt Gebrauch machen, für die örtliche Bauvorschrift aber die charakteristischen örtlichen Gegebenheiten von besonders dafür geeigneten Architekten erfassen und im Benehmen mit dem Landesdenkmalamt bewerten lassen. Das Verständnis der Öffentlichkeit für die Vorschriften wird gefördert, wenn die besonderen Anforderungen möglichst anschaulich durch Zeichnung, Bilder und Schrift erläutert werden.

13. Forderungen des Denkmalschutzes, die auf dem jeweiligen Landesrecht beruhen, können durch bebilderte Richtlinien, die die Gemeinde im Einvernehmen mit der Denkmalschutzbehörde erarbeitet, konkretisiert werden. Insbesondere für Ensembles bietet sich damit die Möglichkeit, den Bauherren zu verdeutlichen, welche Grundsätze bei einer Planung zur Sanierung, Instandsetzung oder Erweiterung eines historischen Gebäudes in einem dem Denkmalschutz unterliegenden Ortsteil zu beachten sind. Die Form einer Richtlinie ist ausreichend, da die Rechtsgrundlage für eine Einzelfallentscheidung im Denkmalschutzrecht liegt. Der Vorteil der Richtlinie liegt darin, daß keine Rechtssprache gewählt werden muß und dem Bürger ein Informationsangebot gegeben wird, das in verständlicher Weise die abstrakten Anforderungen des Denkmalschutzrechtes für ein bestimmtes historisches Ortsbild konkretisiert.

14. Jedes Werkzeug taugt nur im Gebrauch durch gute Handwerker. Rechtliche Instrumente bleiben ohne Wirkung und Reden bleibt ohne Überzeugung, wenn qualifizierte Berater fehlen. Voraussetzung für eine erhaltungsfreundliche Ortsentwicklung ist daher immer eine sachgerechte personelle Ausstattung der zuständigen Verwaltungen.

Zuständige Stellen für Finanzhilfen zur Erhaltung denkmalwürdiger Gebäude

1. Vorbemerkung: Nach dem Grundgesetz ist der Denkmalschutz als kulturelle Aufgabe Sache der Länder. Soweit auf bundesrechtlicher Grundlage Finanzierungshilfen auch zur Erhaltung historischer Bausubstanz und zur Gestaltung ihrer Umgebung gewährt werden, liegt der Gesetzesvollzug ebenfalls bei den Ländern. Diese bestimmen auch die Behörden, die für die jeweiligen Aufgaben zuständig sind. Da der Verwaltungsaufbau in den Bundesländern sehr unterschiedlich ist, kann man für die Behördenorganisation nur sehr schwer genaue Angaben machen, die für alle Bundesländer gelten. Bereits im Abschnitt »Finanzierungshilfen« ist der Versuch gemacht worden, soweit als möglich Hinweise zu geben, bei welcher Behörde die dargestellten Hilfen beantragt werden können.

2. In der Mehrzahl der Fälle wird es in der Praxis darum gehen, für Um- und Ausbauten, vor allem für Restaurierungs- oder Modernisierungsmaßnahmen Zuschüsse oder Kredite der öffentlichen Hand zu erhalten oder für solche Maßnahmen steuerliche Vergünstigungen in Anspruch zu nehmen. In der Mehrzahl der Fälle sind entweder die *Städte* und *Gemeinden* oder die *Landkreise* für die Entscheidung über die Anträge zuständig. Auch da, wo sie nicht selbst entscheiden können, werden sie dem Ratsuchenden Auskunft über die ihm zur Verfügung stehenden Möglichkeiten erteilen und ihm bei der Verwirklichung seines Antrages helfen. Bei aller Unterschiedlichkeit in der inneren Ämterorganisation von Städten, Kreisen und Gemeinden werden die hier in Betracht kommenden Aufgaben wohl überall innerhalb der Bauverwaltung erledigt. Große Städte haben meist ein eigenes, für Fragen des Denkmalschutzes zuständiges Amt.

3. In schwierigeren Fällen oder wenn die Gemeinde oder der Kreis nicht weiterhelfen, kann sich der Bürger auch an die zentralen staatlichen Denkmalämter wenden. Länderweise geordnet sind dies folgende Dienststellen:

Baden-Württemberg
Landesdenkmalamt, Mörikestr. 12, 7000 Stuttgart 1

Bayern
Bayerisches Landesamt für Denkmalpflege, Pfisterstr. 1, 8000 München 2

Berlin
Der Senator für Stadtentwicklung und Umweltschutz – Fachabteilung Landeskonservator, Otto-Suhr-Allee 18–20, 1000 Berlin 12

Bremen
Landesamt für Denkmalpflege, Sandstr. 3, 2800 Bremen 1

Hamburg
Kulturbehörde – Denkmalschutzamt –, Hamburger Str. 45, 2000 Hamburg 76

Hessen
Landesamt für Denkmalpflege, Schloß-Westflügel, 6200 Wiesbaden-Biebrich

Niedersachsen
Institut für Denkmalpflege im Niedersächsischen Landesverwaltungsamt, Scharnhorststr. 1, 3000 Hannover 1

Nordrhein-Westfalen
Landschaftsverband Rheinland, Rheinisches Amt für Denkmalpflege, Bachstr. 9, 5300 Bonn
Landschaftsverband Westfalen-Lippe, Westfälisches Amt für Denkmalpflege, Salzstr. 2, 4400 Münster

Rheinland-Pfalz
Landesamt für Denkmalpflege Rheinland-Pfalz, Auf der Bastei 3, 6500 Mainz

Saarland
Staatliches Konservatoramt, Am Ludwigsplatz 15, 6600 Saarbrücken 1

Schleswig-Holstein
Landesamt für Denkmalpflege, Schloß, 2300 Kiel 1

4. Vielfach werden aber schon die Kreditinstitute, bei denen Kreditmittel für entsprechende Bau- und Umbau- oder Energiemaßnahmen in Anspruch genommen werden, wissen, welche Möglichkeiten für zusätzliche Finanzierungen bestehen und beratend helfen. Es empfiehlt sich daher, den Kreditberater Ihres Kreditinstitutes zu fragen, ob und welche Hilfen für Ihren speziellen Fall möglich sind.
Bei der Beleihung von Gebäuden, die unter Denkmalschutz stehen, ist das Verhalten der Kreditinstitute je nach Geschäftspolitik und eigener Bauerfahrung höchst unterschiedlich. Insbesondere zahlreiche Sparkassen pflegen denkmalpflegerische Maßnahmen wohlwollend zu beleihen, da durch steuerliche Vorteile bessere und sichere Finanzierungsbedingungen gegeben sind. Hinzu kommt, daß das Denkmalschutzrecht im Notfall für den Erfolg der Baumaßnahme sorgen kann, was auch den Schuldner ruhig schlafen läßt.

Die Denkmalschutzgesetze der Länder

Baden-Württemberg

Gesetz zum Schutz der Kulturdenkmale (Denkmalschutzgesetz)
Vom 25. Mai 1971 (GBl. S. 209), geändert durch die Gesetze vom 30. Mai
1978 (GBl. S. 286), vom 6. April 1982 (GBl. S. 97) und vom 6. Dezember 1983
(GBl. S. 797)

Bayern

*Gesetz zum Schutz und zur Pflege der Denkmäler
(Denkmalschutzgesetz – DschG)*
Vom 25. Juni 1973 (GVBl. S. 328), geändert durch die Gesetze vom
11. November 1974 (GVBl. S. 610), 23. Dezember 1975 (GVBl. S. 414),
16. Februar 1981 (GVBl. S. 27), 10. August 1982 (GVBl. S. 682) und
7. September 1982 (GVBl. S. 722)

Berlin

*Gesetz zum Schutz von Denkmalen in Berlin
(Denkmalschutzgesetz Berlin – DSchG Bln)*
Vom 22. Dezember 1977 (GVBl. S. 2510), geändert durch das Gesetz vom
30. November 1981 (GVBl. S. 1470)

Bremen

*Gesetz zur Pflege und zum Schutz der Kulturdenkmäler
(Denkmalschutzgesetz – DSchG)*
Vom 27. Mai 1975 (Brem. GBl. S. 265)

Hamburg

Denkmalschutzgesetz
Vom 3. Dezember 1973 (GVBl. S. 466)

Hessen

*Gesetz zum Schutze der Kulturdenkmäler
(Denkmalschutzgesetz)*
Vom 23. September 1974 (GVBl. I S. 450), geändert durch die Gesetze vom
18. Mai 1977 (GVBl. I S. 198) und 18. September 1980 (GVBl. I S. 333)

Niedersachsen

Niedersächsisches Denkmalschutzgesetz
Vom 30. Mai 1978 (GVBl. S. 517)

Nordrhein-Westfalen

*Gesetz zum Schutz und zur Pflege der Denkmäler im Lande Nordrhein-
Westfalen (Denkmalschutzgesetz – DSchG)*
Vom 11. März 1980 (GVBl. 30 S. 226), geändert durch das Gesetz vom
18. Mai 1982 (GVBl. S. 248)

Rheinland-Pfalz

*Landesgesetz zum Schutz und zur Pflege der Kulturdenkmäler
(Denkmalschutz- und -pflegegesetz – DSchPflG –)*
Vom 23. März 1978 (GVBl. S. 159)

Saarland

*Gesetz Nr. 1067 zum Schutz und zur Pflege der Kulturdenkmäler im
Saarland (Saarländisches Denkmalschutzgesetz – SDschG –)*
Vom 12. Oktober 1977 (Amtsbl. des Saarlandes 1977 S. 993)

Schleswig-Holstein

Gesetz zum Schutze der Kulturdenkmale
Vom 7. Juli 1958, in der Fassung vom 18. September 1972 (GVBl. S. 165),
geändert durch die Gesetze vom 9. Dezember 1974 (GVBl. S. 453) und vom
25. Februar 1983 (GVBl. S. 136)

Bildnachweis:

Dr.-Ing. C. Arendt, München S. 14, 25, 47, 50, 53

Dipl.-Ing. H. Arnold, Eichenau S. 30, 37, 64

Bayerisches Landesamt für Denkmalpflege S. 7, 8, 9, 15, 44

Bayerischer Landesverein für Heimatpflege, München S. 22, 35, 58, 59, 64

Dipl.-Ing. E. Bogenberger, München S. 29

Dipl.-Ing. C. Brandt, München S. 64

Denkmalschutz Hamburg S. 8

Der Regierungspräsident von Lüneburg, Dezernat Denkmalpflege S. 10

Dr. Rüdiger Disko, München, ohne dessen Hilfe diese Schrift nicht zustande gekommen wäre. Ich danke ihm an dieser Stelle. D. W.
S. 10, 13, 15, 16, 25, 26, 28, 29, 30, 32, 33, 36, 39, 40, 42, 44, 45, 46, 48, 49, 51, 52, 54, 56, 57, 59, 62

Prof. Dipl.-Ing. R. Ehrmann, München S. 62, 64, 65

Eternit-Werkfoto S. 41

Foto-Fischer, Oettingen S. 44

Dipl.-Ing. H. Förderreuther, Herrsching S. 30, 31, 47, 54

M. Garff, München S. 41, 51

Architekt: Prof. Dipl.-Ing. H. Gebhard, München S. 42 (3. von oben),
S. 62 (links oben, Mitte)

F. K. Götz, Rosenheim S. 12

D. Güllert, Geisenhausen S. 15, 26

Prof. Dipl.-Ing. F. Hart, München S. 64, 68

Dr. V. Harth, Bamberg S. 52

R. Hefele, Haag/Amper S. 6

Dr. H. Hell, Reutlingen S. 12

Institut für Volkskunde, München S. 8, 17

Dr. A. Kammermeier, München S. 17

R. Knubben, Rottweil – Umschlagfoto

Landesbildstelle Bremen S. 8

Landesamt für Denkmalpflege Rheinland-Pfalz S. 10, 26, 31, 48

Landesamt für Denkmalpflege Schleswig-Holstein S. 40, 43, 55, 57

Landesdenkmalamt Baden-Württemberg
Außenstelle Freiburg S. 12, 31, 55
Außenstelle Karlsruhe S. 10, 18, 19, 52

Landeskonservator Hessen S. 45

Landeskonservator Rheinland S. 31, 56

Prof. Dipl.-Ing. J. Ludwig, München S. 28, 61, 63, 65, 68

Dipl.-Ing. H. Meckel, Gräfelfing S. 11, 39, 45, 46, 49, 58

S. Neubert, München S. 64, 65

Dipl.-Ing. B. Noae, Oberhaching S. 9, 15, 24, 31

U. Pfistermeister, Fürnried/Birgland S. 20, 21

Photo-Anker, München S. 65

Photo-Höflinger, Basel S. 38

S. von Quast, Murnau, Seeleiten S. 66

S. Reger, München S. 41

A. Rettich, Konstanz S. 32

Dipl.-Ing. R. Riepl, München S. 63, 64, 65

Architekt F. Schinhart, Fürstenfeldbruck S. 15

Dipl.-Ing. K. Schmid, Miesbach S. 27

Dr.-Ing. B. Schwarz, Holzkirchen S. 26, 32

Sylt-Color, C. Wanzke, Westerland/Sylt S. 24

Technische Universität München, Institut für ländliches Bauwesen S. 16, 64

F. Thudichum, München S. 61

K. Warwas, Bremen S. 4, 5

Dipl.-Ing. H. von Werz, München S. 61

D. Wieland, München S. 37

Zeichnungen:

Georg Steinmetz, Grundlagen für das Bauen in Stadt und Land,
Callwey-Verlag, Berlin, München 1917

S. 8, 13, 25, 45 aus H. Gebhard, H. Biesterfeld, M. Brennecke,
Umweltgestaltung im ländlichen Raum,
Landwirtschaftsverlag GmbH, Hiltrup 1974; S. 56 aus Sanierungsplanung
Markt Pfeffenhausen von H. Gebhard, M. Reichenbach

Der Bauberater, Werkblatt des Bayerischen Landesvereins für Heimatpflege,
38. Jahrgang, Heft 1/2, München 1973

Konrad Bedal, Haus und Stadel, Verlag Friedrich Pustet, Regensburg 1975

Dipl.-Ing. Heiner Förderreuther, Herrsching

Dr.-Ing. Claus Arendt, München

Luftbilder freigegeben durch die Regierung von Oberbayern – G 19/318

5. Auflage 1984
Herausgeber: Deutsches Nationalkomitee für Denkmalschutz
Geschäftsstelle beim Bundesminister des Innern, Hohe Str. 67, 5300 Bonn 1
Text: Dieter Wieland, München
Anhang neu bearbeitet von Michael Kummer, Wiesbaden
Gestaltung: Johannes A. Schürmann, München
Gesamtherstellung: W. Kohlhammer Druckerei GmbH + Co. Stuttgart
ISBN 3-922153-02-X

Inhalt

	Seite
Zur 5. Auflage	2
Vorwort	3
Zum Thema	4
Das alte Dorf	8
Die alten Häuser	10
Das neue Haus	14
Das Ensemble	18
Aus alt mach neu?	20
Das Fenster	23
Die Tür	30
Putz und Farbe	34
Das Dach	38
Die Straße	43
Plastic	47
Der Laden	50
Rathäuser, Sparkassen und andere Alpträume	52
Der Baum	54
Der Zaun	57
Brief an einen Kommunalpolitiker	60
Was es bis jetzt schon an Hilfen gibt Finanzierungshilfen	69
Steuervorteile	71
Rechtliche Hinweise zu einer erhaltungsfreundlichen Ortsentwicklung	73
Möglichkeiten für eine erhaltungsfreundliche Ortsentwicklung	74
Zuständige Stellen für Finanzhilfen zur Erhaltung denkmalwürdiger Gebäude	76
Die Denkmalschutzgesetze der Länder	77